レクチャーブックス◆お話入門７

語るためのテキストをととのえる

―― 長い話を短くする

松岡享子 編著

東京子ども図書館

目次

はじめに

東京子ども図書館では、一九九八年九月から一九九九年九月にかけて「語るためのテキストをととのえる」という連続講座を行いました。「テキストをととのえる」ことには、いろいろな問題が含まれますが、この講座では、特に「そのままでは長くて語れない話を、一回で語れる程度に短くする」ことをテーマに取りあげました。実は、それ以前にも、夏期講習で同じ課題を扱ったことがあったのですが、時間不足で中途半端に終わりました。そこで、再度、時間をかけて、実際に共同で作業をしながらやってみようと思ったのです。

素材には、ユーゴスラビアの昔話「子どもと馬」と、アンデルセン作「白鳥」を選びました。どちらも語ることでよさが生きてくる話だと思ったこと、訳文が私の手になるものなので扱いやすいこと、うまくいけば、将来「おはなしのろうそく」に収録して、多くの方に語っていただけるのではないかと思ったこと、などによります。実際、この講座を受講した加藤節子さんが短くした「子どもと馬」が、二〇〇四年刊の『おはなしのろうそく25』に、中内美江さんの「白鳥」が、こぐま社が二〇〇五年に刊行した『子どもに語るアンデルセンのお話』に収録されました。

ふたつの物語のうち「白鳥」は創作です。次に何が起こるかを追っていく筋中心の昔話と違い、創作は出来事をどう表現するかに作者の個性があらわれ、当然描写も細かくなります。そこをどう扱うか、「短くする」という点からいえば、創作は昔話よりむつかしい問題を多くもっているといえましょう。しかし、「白鳥」は、昔話を土台にしているので、創作とはいえほかの作品に比べて比較的今回のような作業がやりやすいのではないかと考えました。また、これを手がかりに、アンデルセンのほかの作品についても、語るためのテキストをととのえる作業をすすめたいという欲張った願いもありました。

講座は全六回の予定ではじめたのですが、三回追加し、計九回となりました。これは、参加者たちが、ただ紙の上でテキストを短くするだけでなく、実際に、短くしたテキストで語ってみて、それを互いに聞き合って検討するところまでやってみたいと希望したためです。この追加の回の経験で、「テキスト」と「語ること」との関係について、さらに一歩突っこんだ勉強ができたと思います。

講座の中でもくり返しふれていますが、実際の作業の際、最終的な判断の拠り所となるのは、その人の感性と、語り手としての経験です。また、同じ物語でも、それをどう受け止め、どこに心をひかれているかは語り手によって異なります。ですから、短くするにも、当然、語り手によって、やり方が違ってきますし、違っていてよいと思います。今回の場合、大きな違いが出たわけではありませんが、取りあげた二話について、二名の参加者が短くしたテキストを、章の終わりに収録しました。別冊付録には、それらふたつの短くしたテキストを原文と対照して収載しています。ご参考になさってください。

発表会を含めると十回、ほぼ一年にわたったこの講座を、私自身は大いにたのしみました。参加者のみなさんといっしょに「ああだ、こうだ」といっているうちに、あるいは短くしたテキストを比べて読んで（聞いて）いくうちに、語る物語はこうあってほしいという条件が再確認できたからですし、なぜそうなのかも改めて納得できたからです。

この講座の記録は、『語るためのテキストをととのえる――長い話を短くする』として、一九九九年に東京子ども図書館から冊子として刊行されました。本書は、それを加筆訂正し、装丁をあらためて再刊したものです。最初の冊子では、参加者が記録した演習ノートのような体裁であったものを、今回は、編集担当の飯野真帆子さんが、講座に参加しなかった人にも、その様子がたどれるように大幅に書きあらためてくださいました。おかげで、たいへん読みやすくなったと思います。

本書は、一読すればテキストを短くするこつがわかるというものではけっしてありません。しかし、ある話を語りたいと思い、そのテキストに手を入れる必要を感じている人には、参考になるヒントが随所にあると思います。できれば、ただ読み流すのではなく、自分でも語る目標をもってひとつの話を選び、同じような作業をしながら、読んでいただければ、紙面を通して、講座に参加していただけるのではないでしょうか。

多くの課題に熱心に取り組み、講習会を実りのあるものにしてくださった参加者のみなさんに感謝し、この記録が子どもたちによい物語を届けようと努めている語り手の方たちのお役に立つことを願っています。

二〇一四年　四月

松岡享子

講座のすすめ方と経過

第一回目で、十四人の参加者を七名ずつのグループに分け、それぞれ「子どもと馬」担当と「白鳥」担当としました。

基本的な原則をのみこんでもらうため、参加者には、事前に、次のものを読んでおくことが課題とされました。

・『子どもたちをお話の世界へ』 E・コルウェル著 松岡享子ほか訳 こぐま社 一九九六年

　第五章 語るために物語に手を入れる（九五〜一一五頁）

・『お話を子どもに』 松岡享子著 日本エディタースクール出版部 一九九四年

　「選ぶこと」 二章 語るに向く話の条件（九二〜一三二頁）

　三章 ことばの問題（一三三〜一五六頁）

第二回目以降は、時間を二分して「子どもと馬」「白鳥」のそれぞれについて、基本的には担当グループのメンバーが意見や感想を述べるという形で、次のように話し合いをすすめることになりました。

第二回 全体の方針をきめる

第三回 第一段階までの縮め方について話し合う

第四回　第二段階までの縮め方について話し合う
第五回　第三段階　　　〃
第六回「白鳥」についてのまとめ
第七回「子どもと馬」についてのまとめ
第八回「子どもと馬」を語る（二名）
第九回「白鳥」を語る（二名）

一回目で、ふたつの話を三つの段階に分けて作業をすすめることがきまったので、参加者はその段階について、話し合う回の前までに各自の案を講師に提出しておくこととしました。そして、それを読んだ講師・松岡享子が、話し合うべき問題をピックアップし、講座のときにそれを提示する、という方法で講習を行いました。

子どもと馬

子どもと馬　原文

ユーゴスラビアの昔話　松岡享子訳

『三本の金の髪の毛』　ほるぷ出版　一九七九年
その後、同社より『世界むかし話――東欧』（一九八九年）として再刊、二〇一三年、のら書店より訳文に手を入れ、『三本の金の髪の毛』として再々刊されている。

あるところに、男がいて、この人におさないむすこがありました。妻は、この子を生んだあとすぐなくなったので、男は、むすこのためにも、自分のためにも、二度めの妻をむかえたほうがよいだろうと思いました。さびしくて、たまらなかったからです。

ところが、運のわるいことに、男がえらんだのは、わるい女でした。おさないむすこにとっては、よい母親ではなかったし、夫を愛してさえもいませんでした。ひとりでうちにいて、すきかってなことをしているときがいちばんしあわせというような女でした。夫がじゃまなので、女は病気のふりをしては、男を遠くの町や村まで薬を買いにやりました。そして、夫が買ってきてくれたものがなんであれ、二、三日すると、この薬はぜんぜんだめだ、あそこへいけば自分の病気にもっとよくきく薬があるときいたが、といって、前よりもずっと遠い場所の名をあげるのでした。かわいそうに、男は馬にのってまた出かけます。すると、うちにのこった女は、うるさいのがいなくなったとばかりよろこんで、自分だけのために、おいしい料理をつくったりしてたのしみました。

それでも、まだ、ままむすこがうちにいるので、まったくしたいほうだいにするわけにはいかず、すっかり気が晴れるというわけにもいきませんでした。そこで、どうしたらこの子をやっかいばらいできるだろうと考えました。

ある日のこと、女は、むすこのねどこに毒ヘビを二ひきいれました。そして、子どもにいつもよりはやくねるようにと、しつこくいいました。

「すぐねるよ、かあさん、ぼくの小馬にえさをやったらね。」と、子どもはいいました。

むすこは、馬屋にいきました。小馬の美しい頭をやさしくなでてやっていると、耳もとでこんなささやきがきこえました。

「今夜、自分のねどこにねるんじゃない。ままおっかさんが、中に毒ヘビを二ひきいれている――おっかさんは、あんたを殺そうとしてるんだ。ぼくといっしょにここにいて、ほし草の中でねるほうがいい。」

　そこで、むすこは、そのとおりにしました。まま母は、つぎの朝、むすこがぴんぴんしているのを見て、ひどくがっかりしました。

　いまになんとか、べつのやりかたを考えてやるから……腹の中でそうつぶやきながら、まま母は、これまでにもましてむすこにつらくあたりました。けれども、子どもは、お父さんの帰りをまって、なにごともひたすらがまんしました。

　ある日の夕方、むすこは、ぶどう畑の人夫たちに食事をはこんで帰ってきました。くたくたにくたびれて、おなかもすき、のどもかわいていました。まま母は、子どもの帰ってきたのをよろこぶふりをしていいました。

「おまえ、長いこと歩いたんだもの、ずいぶんおなかがすいたろう。さ、おいしい晩ごはんをつくっておいたからね、さめないうちにはやくおあがり。」

　むすこが目の前にならべられた料理を口にいれようとしたとき、家のすぐ近くで、馬がみょうな声でいななくのがきこえました。馬になにかあったのかと、むすこが、あわてて外へ出てみると、馬が自分についてくるようにと合図をするのです。まま母にきかれる心配のないところまでいくと、馬は、子どもにいいました。

「あのローストチキンをひと口も食べちゃいけないよ。まず、ひときれ年より犬にやって、どうなるか見てごらん。もし、犬がそのあとなんともなかったら、おまえも食べていい。しかし、ぼくには、なんともないとは思えないけどね。」

　むすこは、台所へもどって、いわれたとおりにしました。すると、おどろいたことに、犬は、さいしょのひと口をのみこんだとたん、その場にたおれて死んでしまいました。

「ほら、かあさん、この肉には毒がはいってる。ぼくは、食べないよ。ぼくがいったい、かあさんになにをしたっていうの、かあさんがこれほどまでぼくをにくんで、ひどい目にあわせなければならないほど？」

「おまえに、そんな口はきいてもらいたくないね、なにさ、このずうずうしいガキめ！　もし、ここが気にいらないんなら、たったいまこの家から出ていってもらおう！」

　子どもは、だまっていわれたとおり馬屋にいきました。わるい女は、いまやかんかんでした。だれが自分の計画をつぶして、むすこにもらしたのか知りたいと思いました。あれこれせんさくして、とうとうそれが馬のしたことだとわかりました。女は、馬にしかえしをしてやろうと思いました。

それからまもなく、夫が帰ってきました。妻にただいまのあいさつをすると、男は、ふくろから、つぎつぎに、びんやらつつみやらをとりだしていいました。

「これが、呪術師ジューラの薬だ。それから、こっちがアンナばあさんの治療薬。これは、おまえが黒が丘でつんできてくれといった薬草だよ。ちゃんと夜あけ前、まだ露がおりているときにつんだからね。これだけみんなあるんだから、こんどは、よくなるといいがね。おまえ。」

「どうも、そうはいかないみたいだよ、おまえさん。それは、みんな戸だなにしまっといておくれ。また、あとでのむから。いまはそりゃぐあいがわるくって。この世の中でわたしの病気をなおせるのは、たったひとつ、うちの馬の肝臓だけだよ。あれを料理して食べたら、すぐその場で元気になって、気分もはればれするってことがわかるんだけど。」

男は、これをきいて、あの美しい馬がかわいそうになりました。そしてまた、馬がいなくなれば、むすこがどんなにさびしがるだろうとも思いました。男の気持ちをみてとったわるい女は、ハアハアと荒い息をしはじめ、気絶するふりをしました。男は、妻のそばにひざをつき、妻がふたたび目をあけたとき、その髪をなでながらいいました。

「いいよいいよ、おまえ。馬はあした殺してやるよ。」

その夕方、むすこが馬にえさをやりにいくと、馬は、ひどく元気がありませんでした。

「どうしたんだい、ぼくのかわいい馬？」と、子どもはたずねました。

「ああ、あんたにわかってさえいたらなあ！　いや、それでもどうしようもない。信じておくれ、きみのお父さんは、あすぼくを殺そうとしている。きみの、ままおっかさんが、ぼくの肝臓を食べたら病気がなおるとうそをついたんだ。ほんとうは、ただにおいをかぐだけですててしまうんだ、気持ちがわるいと見せてね。ぼくは、それが悲しいんだ。けど、ぼくのためより、きみのために二倍も悲しいんだよ。だって、ぼくがいなくなってしまったら、だれもきみをたすけてくれる者がいなくなる。そうしたら、あの女は、しまいには、のぞみどおりきみを殺してしまうだろうからね。」

子どもは、両うでを馬の首にまわし、そのあずき色のたてがみに顔をうずめて、はげしくすすりなきました。

「どうしたらいいの？　どうしたらいいの？」と、子どもは、この忠実な友にたずねました。

「ここにいて、あのよこしまな女のしたいようにさせるのは、ばかげています。いって、ぼくたちふたりが、二、三日食べられるくらいの食糧をとっていらっしゃい。そうしたら、にげだしましょう。ここにいても、なにひとついいことがあるわけではありませんからね。」

子どもは、ふたつのふくろに食糧をつめ、馬屋にかくしておきました。そして、日の出前、ふたりはこっそりと庭から出ていきました。家を出たところで、むすこは馬にのり、馬は、全速力でかけだしました。

家からずっと遠くはなれたところで、子どもは馬をおり、「ここで、休んで、食事をしよう。」と、いいました。

馬は、じっさい、休む必要がありました。そこで、ふたりは、泉のそばで、しばらく休みました。おなかいっぱい食べ、泉のつめたい水をたっぷりのんでから、ふたりは、また出かけました。馬は全速力でかけました。

とつぜん、子どもは、道ばたの草の中に金のゆびわがおちているのに気がつきました。

「これをひろってもいいだろうか？」と、子どもは馬にききました。

「もし、ひろったら、それは、きみにはいいことさ。もし、ひろわなかったら、それも、やっぱりいいことさ。」と、馬はこたえました。

子どもは、馬をおり、その小さなゆびわをひろって、肩にかけたかばんの中にいれました。

ふたりは、どんどんさきへいきました。長いことたって、むすこは、目の前のほこりの中に、金のてい鉄がおちているのに気がつきました。

「このてい鉄をひろってもいいだろうか？」と、むすこは、また馬にたずねました。

「もし、ひろったら、それは、きみにはいいことさ。ひろわなかったら、それもやっぱりいいことさ。」と、馬はこたえました。

むすこは、てい鉄をひろい、これもかばんにいれました。またさきへとすすみました。とつぜん、目の前の道のまん中に、金色の髪の毛が一本、くるくるとまるくなって光っているのが見えました。

「これをひろってもいいだろうか？」

「ひろっても、ひろわなくても、どっちにしても、きみにはいいことさ。」

子どもは、それをひろい、ほかの品といっしょに、かばんにいれました。

そこからあまりいかないうちに、白い町が見えてきました。

馬はとまっていいました。

「この町の皇帝は、美しい馬には目がありません。もし、わたしをこのままのすがたで見たら、きっとあなたからとりあげるでしょう。だから、どろをとってきて、わたしがひどい馬に見えるように、あちこちになすりつけてください。それから、皇帝のところにいって、馬丁にやとってくれとたのみなさい。」

子どもは、馬のいうとおりにして、町へはいりました。そして、まっすぐ皇帝のところへいって、馬丁として使ってくださいとたのみました。

これをきくと、皇帝は、おおわらいをしていいました。

「おまえは、自分の馬の手いれをすることさえ知らんじゃないか、小僧。それで、どうやって、わしのお気にいりの六頭のめんどうが見られるというんじゃ？」

「ご心配にはおよびません、陛下。どうぞ、わたしを馬丁に任命してください。はずかしくないだけの仕事はいたしますから。」

皇帝は、ひとつじょうだんにやってみるのもおもしろかろうと思って、とうとうむすこをやといいれました。そして、ほかの馬丁たちにいいつけて、半分死にかかっているような、いちばんわるい馬を六頭えらんで、この子にせわをさせるようにといいました。

少年は、自分の役目を、できるだけりっぱにはたそうといっしょうけんめいつとめましたので、六週間たつと、あのみっともない馬が、皇帝の馬屋の中で、いちばんみごとな馬にかわりました。

皇帝は、少年の仕事ぶりにおどろき、おおよろこびしました。けれども、おもしろ半分に、もう一度、この子に、のりつぶされてすっかりだめになっている馬を六頭、せわさせるように馬丁たちにいいつけました。

少年は、今度もいっしょうけんめい仕事をしたので、しばらくたつうちに、この六頭も、さきのと同じように、よく手いれされて、見ばえのする馬になりました。

さて、少年は、またべつの六頭をあたえられ、つぎにまた六頭というように、つとめていき、とうとう皇帝の馬屋の馬で、少年の手にかかってない馬は一頭もないまでになりました。少年は、すっかり皇帝の気にいられ、皇帝は、だれにむかっても、この少年の仕事ぶりをほめました。

ところが、このことは、ほかの馬丁たちのねたみを買いました。そこで、みんなは、どうしてこの少年が、あのようにおどろくほどうまく仕事をやってのけたのか、そのひみつをなんとかさぐりだしたいと思って、この子のすることをものかげからこっそり見ていました。すると、ある日、少年が馬の腹の下になにか投げたのが見えました。馬丁たちは、走っていって、ひったくるようにその品ものを地面から、ひろいあげました。それは、なんだったでしょう？　あの金のゆびわと、金のてい鉄と、金の髪の毛でした。

いじのわるい馬丁たちは、すぐに皇帝のところへいき、あの少年は、魔法使いだといいつけました。

皇帝は、このわるい男たちのいうことを信じ、すぐさま少年をよびつけて、きびしくこういいわたしました。

「三日以内に、いま、おまえがもっているのとそっくり同じ金の輪を足にはめたアヒルをもってこい。さもなければ、おまえを殺す。」

少年は、だまっておじぎをして、ひきさがりましたが、心配でたまりませんでした。

少年の顔からきゅうにいつものわらいがきえたのを見て、馬はたずねました。

「どうしたんだね？」

少年は、おこったことをのこらず話しました。

「心配することはありません。」と、馬はいいました。「仕事は、そんなにむずかしいことではありません。皇帝にいって、鏡をなん枚かもらいなさい。それから、かばんにカラス麦をいれて、わたしにおのりなさい。わたしが、正しい場所につれていってあげます。」

少年は、いうとおりにしました。そして、まもなく宮殿をはなれました。

馬は、少年をのせて、どんどんすすんでいきました。そして、やがて、美しいみどりの谷へやってきました。谷には、小川が流れていました。馬はとまって、少年のほうへ頭をむけていいました。

「さあ、あそこにある橋へいって、水がうつるように橋げたに鏡を立てかけなさい。そして、かくれて、アヒルがくるのをまっていなさい。そして、アヒルたちが、鏡にうつった自分のすがたに見とれているあいだに、とびだしていってそのうちの一羽をつかまえるのです。わたしは、草を食べながらまっています。」

少年は、いわれたとおりにしました。やぶのかげに身をかくしていると、まもなく水のはねる音がして、アヒルたちが水にとびこみ、およぎまわってあそびはじめました。アヒルたちがあんまり美しかったので、少年は、その目をうばうような色と、すんなりしたかたちに見とれて、自分がなにをするはずだったのかわすれるほどでした。けれども、アヒルたちが鏡の前で、自分たちのすがたをながめているときに、水にとびこんで、その一羽をつかまえました。ほかのアヒルたちは、おおさわぎをして、つばさをバタバタいわせながらにげていきました。

少年がつかまえたのは、大きなおすのアヒルでした。それは、ながめているだけでほれぼれするほど美しく、左の足に、金の輪がはまっていました。

馬が、すぐさまかけてきました。少年は、馬にのり、ふたりは出かけました。

日がしずむころ、ふたりは、宮殿につきました。少年は、このみごとな鳥を皇帝のところにもっていきました。皇帝は、たいへんよろこびました。けれども、この若い馬丁をまだ信用しませんでした。


「さて、今度は、金のてい鉄をはめた種馬を一頭つれてこい。もし、三日以内につれてこなければ、殺すからそう思え。」

少年は、だまって、御前をさがり、このことを馬にうちあけました。すると、忠実な生きものはいいました。

「これは、ちょっとむずかしくなりそうです。でも、やってみましょう。わたしに、大きな上着をつくってください。そして、それに灰をいっぱいつめてください。それから、はづなと、さきが三つにわかれたむちをひとつ用意してください。あとは、もう心配することはありません。」

少年は、今度もいうとおりにしました。ふくろにする麻布を買って、それを馬の形——ただそれよりずっと大きめにたって、ぬいました。それから、それに灰をつめて、くらにむすびつけました。

つぎの日の夜あけ、ふたりは、広びろした野原を、全速力でかけていきました。川につくと、馬はいいました。

「上着をわたしに着せて、灰がこぼれないよう口のところをぬってください。それから、やぶの中にかくれて、わたしのすることを見ていなさい。むこう岸に、馬が一団見えるでしょう？　あれは、みな金のてい鉄をはめています。わたしは、あの中の頭《かしら》の馬と戦ってきます。わたしもあいてもつかれたら、わたしたちはひと休みします。このときをねらうのです。すばやくやらなくちゃいけませんよ。そいつの首に、はづなをかけて、くらにとびのりなさい。そしたら、やつをひいて帰りましょう――もし、戦っているさいちゅうに、やつがわたしにひどくけがをさせなければね。もし、そういうことになったら、あなたは、わたしのことはほうっておいて、すぐににげなくてはだめですよ、命があぶないですからね。」

少年は、愛情をこめて馬にキスしました。そして、いわれたとおりにして、走っていってしげみの中にかくれました。少年がすがたをけすと、馬は、いなないて、川へとびこみ、川の中ほどまでおよいでいって、それからひきかえしました。むこう岸の馬は、草を食べるのをやめて、ふりむいて、少年の馬を見ました。けれども、どの馬も動きませんでした。

少年の馬は、もう一度、そして、もう一度川にのりいれました。三度めに水からあがったとき、一頭がむれをはなれ、しばらくためらっていたかと思うと、ざんぶと水にとびこみ、川をおよぎきって、少年の馬が、しずかにまちうけているところへあがってきました。

さあ、はげしい戦いがはじまりました。二頭は、おたがいにはげしくかみあいました。少年の馬がかんだところからは、血が流れましたが、あいての馬がかんだところからは、灰がとびちっただけでした。戦いは、やぶの中で見ている少年にとっては、永久につづくかと思うほど長くつづきました。少年の馬からは、灰がほとんど出てしまっていました。そして、種馬のからだは、血だらけでした。このとき、二頭は、まるで地面に根でもはえたように、ぴたっと動くのをやめました。

少年は、ひとっとびでその場にとびだしていきました。そして、種馬の首にはづなをかけると、くらにとびのり、三本にわかれたむちをならして、町へむかってとぶように走りだしました。

むこう岸にいた馬は、これを見ると、われさきに川へとびこみ、およぎわたると、少年たちのあとを追ってきました。ほんとうのところ、これは、みんなめす馬だったので、自分たちのゆうかんな指導者にしたがってきたのです。

皇帝は、へやの中にすわっていましたが、雷のような音がきこえたので、いったいなにごとかとまどのところへいってみました。すると、大通りを馬の一団が、土けむりをまきおこしながら気ちがいのように疾走してくるのが見えました。まばゆい日光の中でなにかがキラキラ光るのを見て、皇帝は、これが、金のてい鉄をはめた馬だとわかりました。そこで、大声で召使いたちに命じて、門を広くあけさせました。けらいたちが門をあけるのと、少年が一団の馬をひきつれてとびこんでくるのと同時でした。

皇帝は、これにはおおよろこびしましたが、ほかの馬丁たちは、いままでよりもっと少年をねたみました。そして、このままではすまさぬとばかり、あることないこと皇帝にいいつけました。皇帝は皇帝で少年が、三つめの仕事もうまくやりとげるかどうかやらせてみたくなりました。そこで、今度は、金の髪の少女をつれてくるように、それができぬとあらば殺してしまうとおどしました。

少年は、もう一度馬に相談しました。

「これは、いままでのうちで、いちばんむずかしい仕事になりそうです。でも、やらなければなりますまい。これまで、うまくやってきたのですから。運命は、もう一度、わたしたちになさけをかけてくれるかもしれません。しかし、今度の命令は、ほかのふたつより時間がかかります。皇帝の倉から、真珠と宝石をもらって、きれいな服を着なさい。それから出かけて運だめしをしましょう。」

こうしてふたりは、出かけましたが、長いあいだ、だれにも会いませんでした。やがてある森にやってきました。どんどん森のおく深く、はいっていくと人のいかないところに、一軒のうちがありました。この家に、ひとりのばあさんがいて、金の髪の毛をした少女をおりにいれて、へやにとじこめ、そのへやに三つもかぎをかけていました。

少年は、馬と、ふたことみことことばをかわし、それから、ばあさんのところへいってこういいました。

「おばあさん、ぼくを召使いにやとってくれませんか？」

ばあさんは、少年を頭のてっぺんから足のさきまでじろじろとながめました。からだはしっかりしてじょうぶそうだし、仕事はできそうだ、わたしも年をとって弱ってきたから手がほしいことでもあるし……と考えて、ばあさんはいいました。

「よかろう、やとってやろう。ただし、七年間ここで働くとやくそくすればの話だが。」

少年は承知し、すぐその日から働きはじめました。

こうやって長いこと働きましたが、思いどおりにことをはこぶみこみはいっこうにありませんでした。あのぬけめのないばあさんは、いっときたりとも、この若者をひとりで家においておかなかったからです。若者は、いまでは、金の髪のおとめのいるおりがどこにあるか知っていました。けれども、それがなんになるでしょう？

馬は、このあいだ、小屋から遠くない森でくらしていました。おいしい、みどりの草を食べ、おいしい露をのみ、ぜんたいとして、この平和なくらしが気にいって、しあわせでした。

馬と若者は、ときどき会っておしゃべりをしましたが、そうしているところをけっしてばあさんに見られないように、よくよく気をつけました。ある日、とうとう若者は、いいました。

「もう、こんなことがまんができないよ。ばかみたいな仕事に、つくづくいやけがさしてきた。あのみにくい魔女ばあさんにやとわれてから、もう三年たつっていうのに、まだ金の髪のおとめを一度だって見ていない。今度ばかりは、皇帝の命令を実現するのはあきらめなきゃならないと思うよ。」

「いま少しのしんぼうですよ。」と、馬はいいました。「わたしに、あなたのもってきた宝石を三つください。そして、くよくよするのはやめなさい。」

若者は、かばんのかくしから宝石を三つ出して馬にわたしました。そのあと、ふたりはすぐわかれました。

つぎの朝、一頭の馬が、ばあさんの家のまどのすぐ前までとことことはいってきました。もちろん、それは若者の馬でした。けれども、ばあさんは、そのことを知りません。ばあさんが見ていると、馬は、きみょうなしぐさをしました。ひづめで地面をほり、しじゅう下ばかり見ているのです。

と、とつぜん、ばあさんが息をきらしておもてへとびだしました。というのは、ついいままで馬のひづめのあったところに、ルビーがひとつ光っているのが見えたからです。ばあさんがルビーをひっつかもうと身をかがめたとたん、馬は、おどろいたようににげました。ばあさんは、ハアハア息をきらしながらあとを追いました。馬のひづめからふたつめのルビーがころがりおちたとき、ばあさんは、あっと息をのみました。ひろおうとして、ばあさんはつまずいてころびました。馬は、その場にくぎづけになったように立ちどまり、ばあさんが立ちあがると、またもうれつないきおいで走りだしました。ばあさんは、よろよろよろめきながら馬のあとを追い、まもなく三つめのルビーを見つけました。そのあと、ばあさんがふらふらとからだをおこしたときには、馬のすがたはもうどこにも見えませんでした。

ばあさんは、草の上にすわりこんで、長いことなきわめいていました。馬がいなくなったのをなげいてのことです。もっと若くて、はやく走れさえしたら、もっとたくさん宝石をとることができたのにと思ったのです。けれども、馬のもどってくるけはいもなく、こうしていてもしょうがないとわかると、ばあさんはなさけない、悲しい気持ちで、ふた足み足歩くごとにためいきをつきながら家へ帰りました。

うちへ帰ると、ばあさんは、若者にいいました。

「おまえは、わたしがいつもかぎを三つかけてしめてあるへやをけっして見ないようにといってあるのをおぼえているね。きょうからは、もうひとつ、わたしのベッドの下にあるすやきのつぼにさわらぬようにいっておく。もし、このいいつけにそむいたら、おそろしい目にあうからね。」

若者がへやを出ていくと、ばあさんは、ルビーをつぼにいれました。いれながら、あの馬さえもう一度このあたりにやってきたら、このつぼを宝石でいっぱいにすることができるんだがと思いました。

つぎの日、馬と若者は、森の中でこっそり会いました。ふたりとも前の日にやったたくらみがうまくいったのでおおよろこびし、おおわらいしました。馬は、いいました。

「そのうちに、わたしは、もういっぺんあの家の前へいきます。そして、魔女のやつをうんと遠くまでおびきだしてやります。そのまに、あんたは禁じられたへやの戸をやぶり、おとめをつれだして、魔女が走っていったのと同じ方角に走ってきてください。」

七日めに、魔女が、おとめにきょうの仕事をいいつけようとしているときに、馬がすがたを見せました。魔女は、うちからとびだして馬のあとを追いました。とちゅう、馬のひづめからおちた真珠や宝石をひろうために、ところどころでかがみながら。

若者は、いつもならこの時間は畑をたがやしているはずでしたが、きょうは、やねうらのほし草の中にかくれて、そこにある小さなまどから外を見ていました。女主人が家からかけだしていくのを見ると、若者は、いそいで下へおり、かぎをひとつだけあけて（というのは、魔女は、かぎを三つともかけるまがなかったのです）さっと戸をおしひらきました。いっしゅん、若者は、めくらになったように立ちすくみました。少女の金の髪のまばゆさに、目がくらんだのです。

若者を見ると、少女はせきをきったようにいいました。

「ああ、後生ですから、わたしをここからすくいだしてください。この魔女は、もう四年もわたしをとじこめているのです。お礼は、いくらでもします。とにかく、ここから出してください。おねがいです！」

若者は、おとめをうでにだきあげると、魔女のあとを追って走りました。魔女は、馬のひづめからおちるものを、なにひとつ見おとすまいとおいぼれの目をこらしていたので、一度もあとをふりかえりませんでした。馬は、このとき、川へついていました。ばあさんは、地面ばかり見ていたので、水の中へおちてしまいました。馬が川の中から、若者のほうをふりかえったときには、おぼれた魔女の頭がしずんだあたりに、さざなみの輪がひろがっているだけでした。

若者は、おとめをだいたまま、くらにとびのりました。そして、できるだけはやく走って、皇帝の宮殿に帰りました。

皇帝は、美しい金色の髪のおとめをひと目見ただけで、すっかり心をうばわれました。そして、おとめを宮殿にとめておくことにしました。けれども、つぎのしゅんかん、おとめが、りりしい美しい若者になった自分の馬丁に愛情のこもったまなざしを投げるのを見て、しっとに心がやかれる思いがしました。おとめは、皇帝の目の前で、この若者を両うでにだきました。この日のうちにでもおとめと結婚したいと思っていた皇帝は、これを見てかんかんになり、召使いにむかってどなりました。

「すぐにいって、金のてい鉄をはめためす馬の乳をしぼれ。そして、それを大がまにいれてにえたたせろ。それから、おまえ。」と、皇帝は、若者にむきなおっていいました。

「おまえは、そのにえたった乳の中へとびこむんだ。おまえが自分でとびこまんのなら、殺してやるからな。」

召使いたちが乳をしぼりにいっているあいだに、若者は馬のところにいき、目になみだをためてことのしだいを話しました。

「こうなっては、神さまだけが、わたしたちをおたすけくださいます。」と、馬はいいました。

「皇帝のところへいって、死の現場を、お気にいりの馬に立ちあわせてもらいたいといいなさい。やつらが、わたしをそこへつれていってくれたら、わたしは、近よれるだけ大なべの近くによって立つようにします。そして、なべにむかってくしゃみをして、にえている乳を、なべのまん中からふきとばすようにしますから、あなたは、そのしゅんかんになべにとびこんで、さっととびだすのです。これでうまくいくようにいのりましょう。」

皇帝は、馬丁のねがいをききいれました。そして、いそいで、この若者の死ぬところを見にいきました。火のまわりには、おおぜいの群衆が集まっていました。けれども、あの馬ほど大なべの近くに立っている者はありませんでした。

　番兵が、若者を大なべのところにつれてきました。馬は、もうれつないきおいでくしゃみをしました。そのしゅんかん、若者は、さっとなべにとびこんで、とびだしました。

　群衆は、心から拍手をおくり、それからこのおおしい若者を、これほどまでにむごいあつかいをした皇帝にいかりをつのらせて、口ぐちに皇帝自身、このにえたぎる乳の中へとびこむがいい、さもないと、いまからのちは、この若者を皇帝にえらぶぞとさけびました。

　のがれるすべはありませんでした。皇帝は、お気にいりの馬をひいてこさせ、自分の死の証人に立たせました。あわよくば、若者と同じようにして命がたすかるようにとねがっていたのです。

　馬は、大なべのところにつれてこられました。けれども、この馬は、ただのあわれな生きものにしかすぎませんでしたから、皇帝が乳の中にとびこんだときも、なんのことやらさっぱりわからず、もぐもぐと、さっき食べたカラス麦をかんでいました。そこで、皇帝はにえて死んでしまいました。

　このときまでに、大群衆にふくれあがっていた人びとは、おおよろこびして、この若者を皇帝にしました。

　若者は、まもなく、金色の髪のおとめと結婚し、四人のむすことふたりのむすめをもうけて、しあわせな家庭をつくりました。

　この皇帝の治世は長く、しあわせなもので、人びとは、かれのことを、自分たちの知っているいちばんなさけ深い皇帝として、長く心にとどめました。

子どもと馬

縮め方の基本方針

●＝松岡享子、以下同
◆＝参加者　発言順　特定の人を指すものではありません

●この話はどの程度に縮めたいと思いますか。削るとすればどこを削りますか。

◆全体に表現を簡潔にすることによって三分の二に。馬の世話をするところは二行ぐらいで。

◆目で読んでも、耳で聞いても、広がりがあってきれいな話だと思いました。冒頭、少年が家から出ていくまでは、聞いたときに絵が見えなかったので大きく削り、あとは少しずつ削りたいと思います。馬の世話のところは、聞いたときおもしろかったので残したい。たっぷり聞いたと思える話に仕上げたいと思います。

◆全体に少しずつ縮めて三分の二にしたい。少年が家を出るまでが長いので、そこを思い切って削ります。馬の世話の部分、皇帝の難題の部分、特にアヒルと種馬の部分を軽くしたいのですが……。

◆三分の二に。おばあさんの嘆きの部分がくどいのでそこを削りたいと思います。

◆再婚した女の説明の部分を大幅に削ります。

◆そのまま読むと四十分ほどかかったので二十五分程度に。出発までを短くしたいと思います。男が再婚するのに「さびしくてたまらなかったからだ」というような理由はいらないのではないでしょうか。

◆私は冒頭の女の部分もおもしろかったので、そこも生かし、四分の三程度にしたい。

●みなさんの考えが、大体三分の二で一致したようです。お配りしたテキスト（以下行数はこのテキストによる）で全文三二二行を二一〇行程度に縮めるのが目標となります。みなさんが指摘した箇所は、いずれも削る候補になると思います。それらの箇所を思い切って削って、あとは全体に少しずつ細かく削っていけば、かなり短くなると思います。

私は、子どもが道でいろんなものを見つけて、その都度、馬に「ひろってもいいだろうか」と聞き、馬が「ひろってもいいことさ、ひろわなくてもいいことさ」と答えるくだりが大好きです。実際、人生ではどちらかを選択しなければならないという場面に遭遇することがあります。そういうとき、人は、どちらを選ぶかによって人生がきまるように思いがちですが、そうではないのです。拾ったら拾ったように、拾わなかったら拾わなかったように生きればよい。実人生では、選択そのものより、ある選択によって生じた状況の中で、どう生きるかにその人らしさが出てくるように思います。そういうことと重ね合わせると、このくだりが私にとってはとても意味があると思えるので、ここは削りたくありません。

◆私は「ひろってもひろわなくてもいい」といういい方は、いい加減のような気がします。拾わなければ、この後に続く冒険もないので、ここは絶対に拾わなければ。

●主人公は実際には拾います。でも、物語には、筋は忘れたけれど、なぜかそれだけはおぼえているというようなことばや情景、エピソードなどがあるものです。ここはそういう類のものだと思うので効果的に入れたいと思います。また、このほかにも、話の中には非常に印象的な表現や、いかにも真実味がこもったことばがあるもので、それらはぜひ生かしたい。たとえば、最後のほうで皇帝が煮えたぎる乳のなべにとびこむとき、馬が「もぐもぐと、さっき食べたカラス麦をかんでいました」というあたり。

◆魔女のところはおもしろいので、ここはていねいに残したいと思います。ただ、話の順序で、ばあさんは、若者に、最初から部屋をのぞくなといわず、あとになって「おまえは、わたしがいつもかぎを三つかけてしめてあるへやをけっして見ないようにといってあるのをおぼえているね」というい方をしています。これははじめにいったほうがよいのでは。

●語る物語では、時間の逆戻りはよくありません。昔話では起こった事柄は、その順序に従って語られるものです。昔話が子どもの文学としてすぐれているのは、くり返しや「話の先取り」の手法を用いて、話の先行きを予告し、聞き手が「ああ、次はこうなるな」と思いながら聞くことができるようになっているからです。禁止も先取りの方法のひとつで、あなたのいうように順序を逆にしたほうがよいと思います。

さらにいえば、皇帝の難題が三つあるうち、魔女のエピソードのところでは、馬は、これから起こることを少年に話していない。つまり話の先取りをしていない。アヒルのときも、種馬のときも、どうすればつかまえられるかをくわしく指示しており、話はその通りにすすみます。魔女のところでも、馬が「この家にばあさんがいて、かぎを三重にかけたへやに金の髪のおとめをとじこめている。おまえはばあさんにやとわれて、すきを見ておとめをすくい出すのだ」と、主人公に話したほうがいいと思います。この講座のテーマはテキストを「縮める」ことですが、「ととのえる」という意味では、つけ加えたり、補ったりする必要もあることを知ってほしいと思います。

◆「……して、……して」というように、動詞を重ねてつなげている文章が多いので、もっとすっきりさせたいと思います。

◆「父親」が「男」になったり「父親」になったりしています。統一してもいいですか。

●耳で聞いたとき、この人物が同一人物だということが聞き手に自然にわかるようなら、必ずしも統一することにこだわらなくてもよいでしょう。最終段階で、聞いてみて判断しましょう。

◆魔女のところはおもしろいのですが、長いので、ばあさんが宝石を拾うところが二回あるのを一回にして、すぐ溺れさせてはどうでしょうか？

●それはちょっと乱暴ですね。宝石で魔女を誘い出すのは馬のたくらみで、一回、〝予行演習〟をしてから本番という運びです。これも一種の話の先取りで、馬が二度目に姿を見せたとき、ばあさんは「また宝石を落とすのでは」と期待しますが、聞き手も同時に「また馬がうまいこと、ばあさんをおびきだすな」と、話の先を予想することができます。それが話をおもしろくもし、わかりやすくもしているのです。

昔話で、くり返しや先取りの手法を用いるのは、ひとつには、聞き手に負担をかけないためです。

先を予想するゆとりが子どもに与えられず、一気にクライマックス、あるいは重要な出来事にまで引っ張っていかれると、聞き手としては苦しくなります。語りにおいては、語り手も聞き手も、物語のはじめから終わりまで緊張しっぱなしというわけにはいかないものです。よくできた昔話を語っていると実感することですが、物語には適当に息抜きをする箇所があるものです。語りやすい（ということは聞きやすいということでもあるのですが）話は、引っ張ってはゆるめ、ゆるめては引っ張りながらクライマックスにもっていく。それが、人の生理に合った物語といえるのではないでしょうか。テキストに手を入れるときは、昔話が長年語り継がれることによって磨きあげられてきたこれらの手法を大切にして、その効果をうまく生かすようにしなければなりません。

◆補うという点でいえば、皇帝がアヒルを連れてこい、馬を連れてこい、というのは唐突な気がします。金の輪があるのならアヒルがいるはずだから、金のてい鉄があるのなら馬がいるはずだから……というように、動機づけを加えたほうがよいのでは。

●それはどうでしょう。てい鉄が馬にむすびつくのはいいとしても、金の輪はすぐアヒルを連想させるわけではありません。たしかに目で読むと、人間の行動に理由や動機がないのは不十分のように感じられるかもしれませんが、耳で聞くとそれは気にならないと思いますよ。むしろ、理由や動機を長々説明されると、話の流れがせき止められたように思えて、気持ちが話から離れてしまいます。昔話は「それから？」「次どうなったの？」という聞き手の要求にこたえて、先へ先へと話をすすめていくタイプの物語なのです。立ち止まって「なぜ？　どうして？」と考えるのは、読む文学に向いています。耳で聞いているときは、頭が単純になっているので、人の性格や、行動の動機といったことよりも、出来事そのものが興味の中心になります。

テキストを短くするにも、いろいろのやり方があります。「子どもと馬」の場合は、いちばんふつうの方法、すなわち本筋にあまりさわりのない箇所をいくつか削って、話の流れをはっきりさせるという方法が適していると思います。それで足りないところは、文章を少しずつ簡潔にしていくことで解決しましょう。ほかに、ひとつのエピソードを丸ごと削る方法や、場合によっては――非常に長い創作の場合など――語るのにもっとも効果的な部分（おそらくはクライマックス）を削らずに語り、その前後は「あらすじ」として要約するというやり方も考えられます。

どの程度短くするかをきめたら、どのやり方でするのかという方針というか、プランをたてるとよいと思います。そのとき、大切なのは聞き手のことです。聞き手の年齢が低い場合は、できるだけ簡潔に、次に何が起こるかを中心にします。上の年齢の聞き手には、ちょっとしたストーリーのふくらましが喜ばれることもあります。「子どもと馬」でいえば、冒頭の、女が夫をあちこちへ薬を買いに走らせるあたりの描写は、女の人物像を浮かびあがらせるし、おとなの（特に女の？）聞き手には、思い当たるところがあっておもしろいかもしれません。しかし、小学校中・高学年の子どもは、こういうところにはあまり興味をひかれないと思います。

この回の話し合いできまったことは、「子どもと馬」は三分の二に、時間にして四十分を二十五分、行数にして、三二二行を二一〇行程度に縮めることを目標にする、はじまりの部分は簡潔にする、独特の表現、強い印象をあたえることばや、巧みな比喩などは、効果的に残していくということ、ですね。

なお、昔話の表現の特徴を理解するために、次の文献を読んでください。

『ヨーロッパの昔話――その形式と本質』マックス・リュティ著　小澤俊夫訳　岩崎美術社　一九六九年
「昔話と子どもの空想」

シャルロッテ・ビューラー　森本真実訳　松岡享子編「こどもとしょかん」八二号　一九九九年　夏

その一、少年と馬が旅立つまで

原文　十頁〜十三頁上十一行

●おわたししたテキストで八三行です。みなさんが手を入れたのを見ると、いちばん短い人で二二行、多い人で五六行になっています。どれが正しいというのではありません。それぞれの方が、自分のやり方で縮めていけばよいのですから。
女が夫にあちこちへ薬を買いにいかせるところは、ほとんどの人が上手に削っていました。この段階でいちばん問題になるのは、毒へビと、毒入り肉のくだりの扱い方だと思います。ここを削った人がいますが、どう思いますか？
◆ここは母親の残酷さが浮き彫りにされるから入れたいと思いました。三分の二にするのだから、そんなにばっさり切らなくてもいいと思うんです。

◆ここは物語全体のポイントになるので、もう少しゆるやかにすすめたほうがいいと思います。
◆子どもがこんなふうに殺されかかったのだとわかったほうがいいと思います。
◆わたしは、ここはあまり削れませんでした。自分のことばで、はしょって荒削りにすると、魅力がなくなるような気がして。

●前回、お話の生理ということをいいましたが、話のスタートはゆるやかなのがよいのです。最初から急カーブですすむのはつらい。聞き手がまだ話の中に十分はいりきっていないからです。ここは、女が子どもを殺そうとするふたつのエピソードを削って先を急ぐ必要はないと思います。

それに、このふたつのエピソードは非常に具体的で、子どもの聞き手には強い印象をあたえるでしょう。「殺意」は目に見えませんが、毒ヘビ、肉を口にして死んだ犬などは、はっきりイメージできるからです。子どもは、主人公と一体となって話をたどっていくものですが、話のはじまりで、こういう場面が語られると、聞き手の子どもはギョッとして、いっぺんに主人公に同情し、身の危険を感じてピタッと話についてきます。このエピソードには、「女が子どもを憎んでいました」とか「殺そうと思いました」とかいう、抽象的な表現では引き出すことのできない、感情を強く刺激する力があると思います。

かなり大幅に縮めていますが、話としては自然に流れているAさんのものを読んでみましょう。

あるところに男がいて、この人におさないむすこがありました。妻は、この子を生んだあとすぐなくなったので、男は二度めの妻をむかえました。

ところが、運のわるいことに、男がえらんだのは、わるい女でした。おさないむすこにとっては、よい母親ではなかったし、夫を愛してさえもいませんでした。夫がじゃまなので、女は病気のふりをしては、男を遠くの村や町まで薬を買いにやりました。そして、夫が買ってきてくれたものはなんであれ、二、三日すると、この薬はぜんぜんだめだ、といって、前よりずっと遠い薬屋にいかせるのでした。

女は、ままむすこもじゃまにして、どうしたらこの子をやっかいばらいできるだろうと考えました。

ある日のこと、女は、むすこのねどこに毒ヘビを二ひきいれました。そして子どもに、はやくねるようにと、しつこくいいました。

「すぐねるよ、かあさん、ぼくの小馬にえさをやったらね。」と、子どもはいいました。

むすこは、馬屋にいきました。小馬の美しい頭をなでてやっていると、耳もとでこんなささやきがきこえました。

「今夜、自分のねどこでねるんじゃない。ままおっかさんが、中に毒ヘビを二ひきいれている――おっかさんは、あんたを殺そうとしているんだ。ぼくといっしょにここにいて、ほし草の中でねるほうがいい。」

そこで、むすこは、そのとおりにしました。まま母は、つぎの朝、むすこがげんきなので、ひどくがっかりしました。まま母は、いっそうつらくむすこにあたりました。けれども、子どもは、お父さんの帰りをまって、なにごともひたすらがまんしました。

ある日の夕方、むすこが、おなかをすかせ帰ってくると、まま母は、子どもが帰ってきたのをよろこぶふりをしていいました。

「さ、おいしい晩ごはんをつくっておいたからね。さめないうちにはやくおあがり。」

むすこがならべられた料理を口にいれようとしたとき、家のすぐ近くで馬がみょうな声でいななくのがきこえました。馬になにかあったのかと、むすこが、あわてて外に出てみると、馬が自分についてくるようにと合図をするのです。まま母にきかれる心配のないところまでいくと、馬は、子どもにいいました。

「あのローストチキンをひと口も食べちゃいけないよ。まず、ひときれ犬にやって、どうなるか見てごらん。もし、犬がそのあとなんともなかったら、おまえも食べていいよ。」

むすこは、台所にもどって、いわれたとおりにしました。

すると、おどろいたことに、犬は、さいしょのひと口をのみこんだとたん、その場にたおれて死んでしまいました。

「かあさん、この肉には毒がはいってる。ぼくは、食べないよ。かあさんは、どうしてぼくをにくむの。ぼくがいったい、かあさんになにをしたっていうの。」

「おまえに、そんな口はきいてもらいたくないね。なにさ、このなまいきなガキめ！　もし、ここが気にいらないのなら、たったいまこの家から出ていってもらおう！」

子どもは、だまっていわれたとおり馬屋にいきました。馬はいいました。

「ここにいて、あの女のしたいようにさせるのは、ばかげている。ぼくたちふたりで、二、三日食べられるだけの食糧を用意してください。そうしたら、ふたりでにげだしましょう。」

そして、日の出前、ふたりはこっそり家を出ました。むすこが馬にのると、馬は、全速力でかけだしました。
◆第一段階でこれくらい短くすると、あとの部分は楽になるのではないでしょうか。
◆あと二、三行あれば、お父さんが馬を殺そうとするところを入れたかったのですが……。

●入れてもいいのではないでしょうか。馬を殺そうとするところは人によっていろいろです。
みなさんの例を読んでみます。

① 男は、しかたなく妻のいいなりになりました。
② 男は、これを聞いて、馬がかわいそうになりました。そしてまた、馬がいなければ、むすこがどんなにさびしがるだろうとも思いました。男の気持ちをみてとったわるい女は、ハアハアと荒い息をしはじめ、気絶するふりをしました。「いいよいいよ、おまえ。馬はあした殺してやるよ。」と、男はいいました。
③ それからまもなく、女は夫に、「この世の中でわたしの病気をなおせるのは、うちの馬の肝臓だけだよ。」といって、馬を殺すようにたのみました。
④ 女は夫に、「わたしの病気をなおせるのは、たったひとつ、この馬の肝臓だけだよ。」と気絶するふりをしました。そこで、男は「馬はあした殺してやる。」と、いいました。
⑤「わたしの病気をなおせるのは、うちの小馬の肝臓だけだよ。あれを料理して食べたら、すぐ元気になれるんだよ。」男は、小馬がいなくなれば、むすこがどんなにさびしがるだろうと思いました。けれども、また、女は病気がわるくなったふりをしましたので、妻のいうとおりにすると、約束しました。

などです。①と④は、馬を殺すことについて夫に全然逡巡がないように書いてあるし、⑤には男の気持ちがはいっていますが、このくらい書いてもいいのではないでしょうか。

実際に短くする作業をしてみて、かなり縮めても、それなりに形をととのえることはできるという感触をもったのではありませんか。何度もいいますが、これが正しいという縮め方があるわけではありません。自分はどうするかを考えて、実験してみるのがこの講座なのですから、人によって違うテキストができてよいのです。

短くするということだけでなく、ほかにもいろいろ問題を投げかけてくれていると思うので、もうひとつBさんの例も読んでみましょう。

（イ）むかしあるところに、男の子がひとりある男やもめがおりました。（ロ）男の子は自分の馬をもっていて、子どもと馬はたいそう仲良しでした。

（ハ）男は、また、あたたかい家庭がほしくて再婚しましたが、相手はわるい女でした。

女は、ご亭主がじゃまでじゃまで、仮病をつかってはご亭主を遠くへ使いに出してばかりいました。人のよいご亭主は、いわれるままに、どんな遠くへでも出かけてやりましたが、女は、どの薬もきかないといいます。また別の薬を買ってきてと、ご亭主をもっと遠くへいかせるのです。

さて、家でのうのうとして、女がまんぞくしたかといえば、そうではありませんでした。子どもがじゃまでじゃまで、ならなかったからです。

女は、子どものねどこに毒ヘビをいれました。その夜、男の子が、馬におやすみをいいにいくと、馬がささやきました。

「あの女が、あなたのねどこに毒ヘビをいれましたよ。だから今夜は、ここでねなさい。」

よく朝、子どもがぴんぴんしているのを見て、女はびっくりしました。そこで、今度は夕食の焼肉に毒をしこみました。

その夜、おやすみをいいにきた子どもに、馬はいいました。

「あの女は、夕食の焼肉に毒をいれましたよ。ひとくちだって、食べてはいけません。」

その夜、どうすすめても焼肉を食べようとしない子どもを、女はしかりつけました。子どもは、たまりかねていいました。

「かあさん、ぼくは、新しいかあさんがきたって、ちっともいやがったことはない。それなのに、どうしてぼくを殺そうとするの?」

これを聞いて女はぎょっとして、わめきちらしました。

「なんだって! 子どものくせに、あたしのいうことがきけないのなら、とっとと出ておいき!」

女は、もう一刻もぐずぐずしていられないのをさとり、つぎの日、帰ってきたご亭主に、馬を殺して肝臓をください、といいました。

……その晩おやすみをいいにきた子どもに馬はわけを話し、いっしょににげようといいました。

「わたしが死ねば、あなたもすぐに殺されてしまう。おとうさんはあの女のいいなりですから、たよりになりません。」

そこで、子どもと馬は、夜明けに、こっそりと家をぬけ出しました。

まず、冒頭のセンテンス。耳で聞いたとき、オトコオトコの音の重なりが少し耳ざわりではないでしょうか。それはよいとしても、㋑から㋩にかけての文のつながりがよくないと思います。

㋑ むかし……男やもめがいた。
㋺ 男の子は、馬をもっていた。
㋩ 男は再婚したが、相手はわるい女だった。

と続くわけですが、このわずか三センテンスの中で、「男やもめ」、「男の子」、「男」と主語があちこちへ動くので、耳で聞いていると、話が落ち着いていきません。前の文を受けて次の文がはじまると自然についていけるのですが。イギリスの昔話「三人ばか」のはじまりを思い出してみましょう。

むかしむかし、あるところに、百姓のふうふがすんでいました。ふたりには、むすめがひとりあって、そのむすめは、近々ある身分のよい男と結婚することになっていました。男は、毎晩むすめに会いにやってきて、百姓のうちで晩ごはんを食べていきました。そして、晩ごはんのときに飲むビールを地下室までくみにいくのは、むすめの役になっていました。

夫婦↓夫婦にむすめ↓むすめに婚約者↓婚約者が晩ごはんを食べにくる↓晩ごはんにはビール↓ビールはむすめが地下室にくみにいく……と、まるで鎖のように、ひとつのことばから次のことばへきっちりとつながっていきます。これだと話があちこちへそれようがありません。

あることばが語り手の口から発せられると、聞き手の頭の中にそのことばによって喚起されたイメージが浮かびます。そのイメージがまだ頭の中に残像としてとどまっているうちに、次のことばが聞こえてくる。だから、残像に次のことばが自然にかぶさってくるようだと、事柄がすんなり頭にはいるのです。次のことばが聞こえてきたとき、大急ぎで前のことばの残像を打ち消したり、頭の外へ押し出したりしないと新しいことばを受け入れられないようだと、話を追うのが苦労になります。このことは課題本の『お話を子どもに』の中にくわしく述べてあるので参照してください。

「つながり」ということを問題にすれば、Bさんのテキストでは、ところどころきちんとつながらないところがあります。たとえば、

「あの女が、あなたのねどこに毒ヘビをいれましたよ。だから今夜は、ここでねなさい。」

よく朝、子どもがぴんぴんしているのを見て、女はびっくりしました。

正確にいえば、前の文と後の文との間がとんでいます。つまり、「子どもが馬にいわれたとおり、馬屋でねた」という事実が語られていないのです。だから、聞き手は、自分で「ああ、子どもは自分のねどこでねなかったのだな」と、そこを補わなければなりません。同様に、

これを聞いて女はぎょっとして、わめきちらしました。
「なんだって！　子どものくせに、あたしのいうことがきけないのなら、とっとと出ておいき！」
女は、もう一刻もぐずぐずしていられないのを悟り、つぎの日、帰ってきたご亭主に、馬を殺して肝臓をください、といいました。……

「女が自分の計略を失敗に導いたのは馬だと知った」という事実が抜けているので、女が馬を殺そうとする理由が聞き手に共有されません。

語る話では、聞き手に手の内を明かすというか、これから起こる出来事について必要な情報を知らせておくものです。そうしておかないと、聞き手は、自分であれこれ補って話をたどらなくてはいけなくなります。たとえば、いきなり「男は再婚した」といわれると、聞き手は、その時点で「それなら前に妻をなくしていたのだな」と理解し、その事実を補って話を聞くことになります。これが、妻が死んだ↓そして、男は再婚した、という順序で語られれば、そのまま話についていけます。こうした聞き手に余分な負担をかけるような話の〝飛躍〟は避けたいところです。

ほかにこのテキストについて気がついたことはありますか？

◆「男」「だんな」「ご亭主」と、呼び方が変わっていますが、どうでしょう？
◆子どもにはわかりにくい気がする。
◆「ご亭主」ということばもそうだが、「仮病」も、子どもにはわかりにくいのではないか。
◆男も女も主人公ではないのだから、くわしく描かなくてもよいのでは。この段落で大事なのは、男に子どもがいた↓男はわるい女を妻にした↓女は子どもを殺そうとした↓子どもの馬が子どもを助けた↓子どもと馬は家を出た、ということだと思います。これらの事実をはっきり線にすればいいのだと思うのですが。
◆「その夜、おやすみをいいにきた子どもに、馬はいいました」のあたり。視点が、馬だったり、子どもだったり揺れる気がしました。

●たしかに、話を語る視点は一定にしておかないと、聞いている人にはわかりにくいですね。「その夜、おやすみをいいにいくと、馬は子どもにいいました」のほうが安定する。

また、「その夜、おやすみをいいにきた子どもに、馬はわけを話し、いっしょににげようといいました」も、子どもが何もいわない先から、馬が逃げようとさそっています。これだと馬主導になります。主人公は子どもですから、子どもが「どうしたらいいだろう」と問いかけ、馬がそれに答えるほうがよいと思います。

それから、このテキストを読んでいて気がついたことで、ひとつ大事な点があります。それは、接続詞の使い方です。たとえば、次のふたつを比べてみてください。

Ⓐ　男は再婚しました。相手はわるい女でした。
Ⓑ　男は再婚しました。ところが、相手はわるい女でした。

Ⓐのほうは、するっといってしまっているので、相手がわるい女だったということにほとんどインパクトがありません。その点Ⓑでは、相手がわるい女だったという事実が重く受け止められます。この違いは「ところが」ということばひとつにあります。「ところが」ということばと、それに続くほんの少しの間《ま》。それによって、聞き手は、予想を裏切るような事態があとに続くことを察知します。口には出されませんが、聞き手の頭の中には、「悪いことに」「残念ながら」「思いがけず」といったことばが、「ところが」に続いて聞こえてくるのです。そのように待ち受けられているところへ「わるい女だった」と語られるので、その事実がストンと胸に落ちるし、重みももちます。

もうひとつ「子どもがじゃまでじゃまで、ならなかったからです」から「女は子どものねどこに毒へビをいれました」へのつながり。ここには、どうしても、「ある晩」とか、「ある日」とかいうことばがほしいと思います。次のふたつを聞き比べてください。

Ⓐ（女は、）子どもがじゃまでならなかったのです。女は、子どものねどこに毒へビをいれました。
Ⓑ（女は、）子どもがじゃまでならなかったのです。ある晩、女は、子どものねどこに毒へビをいれました。

Ⓐでは、聞き手は、次に起こることを待ち構える用意ができません。ここで、Ⓑのように「ある晩」と、ひとことといってもらうと、それだけで、「何か起こるぞ」と予想ができる。語りの中では、

こうしたことばは大きな働きをしていると思います。話の焦点がしぼられて、時や場所が確定するのです。

考えてみると、昔話には、「さて」「そこで」「それから」「ある日のこと」など、接続詞や副詞が多用され、効果をあげています。「ところが」で、今までの流れとは違うことが起こるだろうと予想させ、「それから何日（年）もたって」で、時間の経過を了解させ、「さて、一方」「話かわって」で、一挙に場面を転換させる。これから先に起こることに対して準備させるという意味では、これも「話の先取り」の一種に含めてもいいかもしれません。これは大事なポイントなので、しっかりと心にとめておいてください。

それから、細かいことになりますが、「じゃまでじゃまで」が二回も出てくるところ、「ぎょっとして、わめきちらした」というところなど、これだけスケールの大きい冒険物語にしては、ことばがなまで下世話な感じがして、そぐわない気がしました。

また、馬が嘶いて、子どもが外に出ると、馬が子どもに毒入り肉のことを教える場面で、「子どもが外へ出ると、馬はいいました」というように縮めている人がいましたが、ここは原文のように「馬がついてくるように合図」して、「まま母にきかれる心配のないところ」までいってから話すほうが、いかにもその感じが出てよいと思います。こういうところを一、二行削るくらいなら、もっとほかに削れるところがあると思うのです。

今回のまとめとしては、

一、話のはじまりは簡潔に、しかし、ゆるやかに、聞き手が主人公と一体化して物語についてこ

られるように

二、ことばや出来事は、鎖のようにつながっていくように

三、視点は一定に

四、聞き手にこれから起こることへの心の準備をさせる働きをする「さて」「ところが」「ある日」などのことばを効果的に用いること

の四点があげられます。

先ほど、AさんとBさんの短くした例をあげましたが、ふたつの例のうち、後者は、ふだんお話を語ることをしていない方のもので、昔話に慣れ親しんでいる人とは視点が微妙に違っているところがおもしろいと思いました。聞くことと読むことの違いを考えさせられます。

ことばが喚起するイメージとその残像という点では、以前、『修辞的残像』（外山滋比古著　みすず書房　一九六八年）を非常におもしろく読み、教えられるところが多くありました。「残像」ということばも、この本から教わったものです。この本には、昔話の表現ということを考えるとき、ヒントになることがたくさん含まれています。興味がある人には、ぜひ一読をおすすめします。

また、ことばのつらなりが、文の展開の先を予想させるという点で、『沈黙の世界』（マックス・ピカート著　佐野利勝訳　みすず書房　一九六四年　二〇一四年二月新装改版）に、忘れられない一節があるので引用しておきます。「騒音の言葉」と題する一文の中にあるもので、ある現代作家の小説の一部を「騒音語文」の例として引用したあと、その対極にある文の例としてJ・P・ヘーベルの文をあげ、次のように論じています。

真の言葉の世界から生じたJ・P・ヘーベルの次ぎの一文はその正反対である。「まったく注目すべきことだが、時としてさほど期待されてもいないひとりの人間が、驚くほど聡明で分別があると自惚れている別の人間に一つの教訓を与えることも出来るのだ。」この文章のなかでは、どの文章成分も精確であって、それぞれの価値を自覚している。どの部分をとってみても、それは独立自存しており、しかもすべてが互いに依りそって一つのより高いものへと結ばれている。「まったく注目すべきことだが、」……ここで、これだけの言葉によって一つの事件のための場所が設定される。あたかも、そのなかで何か特定の事柄がおこり得るように、一つの空間のまわりにこの言葉によって一本の綱がひかれたようなものである。そして「注目すべき」という言葉を聞くとき、今ここに注目すべきことが生ずるぞ、と書いた告示板をありありと見るようである。「時としてひとりの人間が」……ひとりの人間がこの限定された空間にたち現われる。彼はためらいながらたち現われる。「時として」という言葉が彼の躊躇のしるしである。「あまり期待されてもいなかった」……この人間は大きな場所のうえで微小にみえる。われわれは、このひとがどうかしたのだろうか、と待ちうける。事実、何事かが起るのだ、……つまり「このひとが別の人間に一つの教訓を与えることが出来る」のである。かくて、最初そこにいた躊躇《ためらい》がちな人、微小な人が、突然おおきく浮びあがる。そして、あの「驚くほど聡明で分別があると自惚れていた人間」が小さくなる。あたかも、驚くべき聡明さと分別とが、本来彼のものではない他人のトランクみたいに、彼から取り去られるかのようなのである。

　このヘーベルの文章のなかのあらゆる言葉は、この文章が一つの堅固な世界のうえに成り立っていることを示している。この世界、及びこの世界のなかのこれらの言葉は実に堅固であるから、この世界はそれが——即ち一つの世界全体が——存在することを示すために、ただこのような小さな文章しか必要としないのである。そして、この世界のあらゆる言葉は、簡単なこの文章のそばに立っているのである。

（二〇五～二〇六頁）

ふだんお話を語るとき、私たちはそれほど、ひとつひとつのことばにこだわっていません。でも、気持ちよく語れ、聞いていて自然に流れる話は、分析してみると、表現のルールや原則をきちんと踏まえていることがわかります。その意味で、今回の話し合いは、非常におもしろいものでした。

その二、皇帝の難題のうちふたつを解決するまで

原文　十三頁上十二行〜十八頁上三行

●ここは中段、少年が金の輪とてい鉄と金の髪の毛を拾い、皇帝の馬丁になって、アヒルと種馬をもってかえるところまでです。一二一行をいちばん短い人で八九行、長い人で一一六行。この調子でいくと、全体で目標通りにやれそうです。いちばん短いAさんのを読んでみます。

しばらくいくと、子どもは、道ばたの草の中に金のゆびわがおちているのに気がつきました。

「これをひろってもいいだろうか？」と、子どもは馬にききました。

「もし、ひろったら、それは、きみにはいいことさ。もし、ひろわなかったら、それも、やっぱりいいことさ。」と、馬はこたえました。

子どもは、馬をおり、その小さなゆびわをひろって、肩にかけたかばんにいれました。

それからまた、どんどんさきへいくと、目のまえに、金のてい鉄がおちているのに気がつきました。

「これをひろってもいいだろうか？」と、子どもは、また馬にたずねました。

「もし、ひろったら、それは、きみにはいいことさ。もし、ひろわなかったら、それも、やっぱりいい

ことさ。」と、馬はこたえました。

子どもは、てい鉄をひろい、これもかばんにいれました。またさきへいくと、道のまん中に、金色の髪の毛が一本、くるくるとまるくなって光っているのが見えました。

「これをひろってもいいだろうか？」

「もし、ひろったら、それは、きみにはいいことさ。もし、ひろわなかったら、それも、やっぱりいいことさ。」

子どもは、それをひろい、かばんにいれました。

そして、またいくと、白い町が見えてきました。

馬はとまっていいました。

「この町の皇帝は、美しい馬には目がありません。もし、わたしをこのままのすがたで見たら、きっとあなたからとりあげるでしょう。だから、わたしがひどい馬に見えるように、どろをあちこちになすりつけてください。それから、皇帝のところへいって、馬丁にやとってくれとたのみなさい。」

子どもは、馬のいうとおりにして、町へはいりました。そして、皇帝のところへいって、馬丁として使ってくださいとたのみました。

これをきくと、皇帝は、おおわらいをしていいました。

「おまえは、自分の馬の手いれさえ、知らんじゃないか。それでどうやって、わしのお気にいりの六頭のめんどうが見られるというんじゃ？」

「ご心配にはおよびません。陛下、どうぞ、わたしを馬丁に任命してください。」

皇帝は、ひとつじょうだんにやらせてみるのもおもしろかろうと思い、少年をやとうことにしました。そして、ほかの馬丁にいいつけて、半分死にかかっているような、みっともない馬を六頭えらんで、少年にせわをさせるようにいいました。

少年は、いっしょうけんめい仕事をしたので、六週間たつと、あのみっともない馬が、皇帝の馬屋の中で、いちばんみごとな馬にかわりました。

皇帝は、少年の仕事ぶりにおどろき、おおよろこびしました。そして、おもしろ半分に、また六頭、つぎにまた六頭というように、みっともない馬のせわをさせ、とうとう、皇帝の馬屋の馬で、少年の手にかからない馬は一頭もなくなりました。少年は、すっかり皇帝に気にいられ、皇帝は、少年の仕事ぶりをほめました。

ところが、このことは、ほかの馬丁たちのねたみを買いました。馬丁たちは、少年のすることをかげからこっそりのぞきました。そして、ある日、少年が馬の腹の下になにか光るものを投げいれたのを見つけました。みんなは、走っていって、それをうばいとりました。それは、あの金のゆびわと、金のてい鉄と、金の髪の毛でした。

いじのわるい馬丁たちは、すぐに皇帝のところへいき、あの少年は、魔法使いだといいつけました。

皇帝は、馬丁たちのいうことを信じ、すぐに少年をよびつけていいました。

「三日以内に、いま、おまえがもっているのとそっくり同じ金の輪を足にはめたアヒルをもってこい。さもなければ、おまえを殺す。」

少年は、だまっておじぎをして、ひきさがりましたが、心配でたまりませんでした。

馬はたずねました。「どうしたのですか?」

少年がわけを話すと、心配することはないと、馬はいいました。

「皇帝にいって、鏡をなん枚かもらいなさい。そしたら、わたしが、アヒルのいるところへつれていってあげましょう。」

少年は、いうとおりにしました。馬は、少年をのせて、宮殿をはなれました。どんどんすすんでいくと、美しいみどりの谷につきました。馬は、立ちどまり、頭を少年のほうにむけていいました。

「さあ、あそこにある橋へいって、水がうつるように橋げたに鏡を立てかけなさい。そして、かくれて、アヒルがくるのをまっていなさい。そして、アヒルたちが、鏡にうつった自分のすがたに見とれているあいだに、とびだしていってそのうちの一羽をつかまえるのです。」

そこで、少年は、いわれたとおりにしました。やぶのかげに身をかくしていると、まもなく水のはねる音がして、アヒルたちがやってきました。そして、アヒルたちが鏡にうつった自分のすがたをながめているとき、水にとびこんで、その一羽をつかまえました。

少年がつかまえたのは、大きなおすのアヒルでした。アヒルは、ほれぼれするほど美しく、左の足に、金の輪がはまっていました。

少年は、そのみごとな鳥を皇帝のところにもっていきました。けれども、皇帝はいいました。

「こんどは、三日以内に、金のてい鉄をはめた種馬を一頭つれてこい。さもなければ、おまえを殺す。」

少年は、だまっておじぎをして、ひきさがり、このことを馬にうちあけました。馬は、やってみましょう、といいました。

「わたしに、大きな上着をつくってください。そして、それに灰をいっぱいつめてください。それから、はづなと、さきが三つにわかれたむちをひとつ用意してください。」

少年は、いわれたとおりにしました。

つぎの日、夜があけると、ふたりは出発しました。広い野原をかけぬけ、川につくと、馬はいいました。

「上着をわたしに着せてください。それから、かくれて見ていてください。むこう岸に、馬が一団いるでしょう？　あれはみんな、金のてい鉄をはめています。わたしは、あの中の頭《かしら》の馬と戦ってきますが、とちゅうでひと休みしますから、そのときをねらってください。いいですね。そいつの首に、すばやくはづなをかけて、くらにとびのるのです。」

少年は、いわれたとおりにして、しげみの中にかくれました。

まもなく、二頭の馬のはげしい戦いがはじまりました。少年の馬がかんだところからは、血が流れましたが、あいての馬のかんだところからは、灰がとびちっただけでした。戦いは長くつづきましたが、そのうちに、二頭はまるで地面に根がはえたように、ぴたっと動くのをやめました。

少年は、ひとっとびで、その場にとびだしていきました。そして、種馬の首にはづなをかけ、三本にわかれたむちをうちならして、とぶように町にむかって走りました。

むこう岸にいた馬たちは、われさきにと川をわたり、種馬のあとを追いかけました。

さて、皇帝はへやの中にすわっていましたが、雷のような音がきこえたので、いったいなにごとかとまどのところへいってみました。すると、大通りを馬の一団が、土けむりをたてて、疾走してくるのが見えました。まばゆい日光の中で、何かがキラキラ光るのを見て、金のてい鉄をはめた馬だとわかりました。少年は、一団の馬をひきつれて宮殿の門にとびこんできました。

耳で聞くと、あまり削ったとわからないくらいで、とてもうまくできていると思います。ここは、出来事そのものを削るわけにはいかないので、基本的にはあまり縮められないところです。

訳文のことで気になったのは、「ひろってもいいし、ひろわなくてもいい」のところ、三回ともまったく同じにするか、現在の訳文のままにするかということです。原文（英文）が三回めのみ違っていたので訳文もそうしたのですが、それにとらわれず三回とも同じほうがいいかもしれません。それから"ring"を「ゆびわ」としましたが、アヒルの足にはめるので、ただ「輪」としたほうがよいかもしれません。

◆私は、「六頭、また六頭……」というのは昔話らしいと思いましたが削ってしまいました。先が三つに分かれているむちも、ひっかかりながら取ってしまいました。残したほうがよかったのでしょうか？

●「はじめに六頭、それからじゅんじゅんに」とした人もいますが、「六、また六」とするほうが図式的でくっきりと印象に残るような気がします。鞭も、先が三つに分かれているほうが強力なのでしょう。めったに人を寄せつけない馬を乗りこなさなければならないわけだし、イメージとしてもよく見えるし、削っても時間的に差はないので、残しておいてもいいのではないでしょうか。

◆馬の腹の下に品物を投げるのは、馬に魔法をかけるのか、遊びなのか？　遊びなら、はっきり「遊んでいました」とするべきではありませんか？

●それはわかりません。きめようがない以上、このままにしておくほかないのでは。

◆馬と子どものことばづかいが、皇帝に仕える前後で変わってくるのはどうなのでしょうか。命令口調から「……してください」へ。主人公の呼び方も「子ども」あるいは「むすこ」から「少年」、「若者」へと変わっています。

●あまり意識して使い分けたのではありませんが、原文も"child" "boy" "youth"と変化しています。実際話の中で成長しているのですから。イメージとしても、お母さんがねどこに毒ヘビを入れるあたりでは、まだ幼さが残っている少年という感じですが、最後は結婚するわけだし、旅も何年もかかっています。

皇帝の出す課題も、回を追ってむつかしくなり、その度合いが主人公の成長を象徴しています。アヒルより馬のほうが、強さや力を要求されるし、おとめを助けるときは、力だけでなく、忍耐強さなどの、精神的な成熟も必要になっています。問題は話を聞いている人が、主人公を同一人物だと思えるようにすること。この「子ども」と、この「若者」は違う人かと思われては困るわけですから。

馬と子どものことばのやりとりも、子どもが成長するにつれ、関係も変わってくるので、口調が変わるのは自然ではないでしょうか。もし、最終段階で、話を聞いていて違和感があるようなら調整しましょう。

この段階は、出来事を追っているところなので前にもいったように、そう削れません。そこを、無理をして削ったために問題が生じたり、つまらなくなったりしたテキストもありました。馬の戦いの場面で、メス馬と種馬は川の向こう側にいて、少年の馬がこちら岸から川の中ほどまでいって誘うがこない、またいくがこない、三度目にやっと種馬がこちらにやってきて戦う。メス馬がそのあとを追ってくる、という位置関係がわからなくなっているものもあります。

また、「少年の馬がかんだところからは血がでた」「向こうの馬がかんだところからは灰がとびちった」という記述は削って、「こっちは灰だらけ、あっちは血だらけになりました」と結果だけを述べている人がいましたが、ここなどは戦いの様子を具体的に描いたほうがいいでしょう。そうしてはじめて、馬が灰をつめた上着を身につけた意味がわかるし、ぐっと臨場感が出るのですから。

「アヒルが自分のすがたに見とれる」ところを削った人もいました。自分のすがたに見とれている隙を突かれてつかまるというのは、人間の一断面を描いているようでとてもおもしろいと思うのですけれど。

「向こう岸にいた馬が全部メス馬だった」というのは、ほとんどの人が削っていましたが、ここなども自然のありようが出ていて、私なら残したいと思いますが……。

◆私は、最初に読んだとき、たくさんのメス馬と、すごく立派な種馬というのが目に見えて、印象的だったので残しました。

◆私は「皇帝がへやにいると、雷のような音がして馬がかけてきた」ときの、雷のような音が好きですが、結局削ってしまいました。

●そういう音とか、匂いとか、感触とか感覚を刺激するところは、残したほうがいいと思います。生き生きとしたイメージが浮かびますから。

また、馬の世話をするところで、「半分死にかかった」馬というような形容詞を、どんどん削った人もいました。でも、それが立派な馬に生まれ変わるというところに驚きがあるので、こういうことばを削ってしまうと話が平板になる気がします。

「短くする」ためには、たしかに余分な情景描写や形容詞を省かなければならないのですが、途中をとばして結果だけというのでは、話の味わいがなくなります。また物語の中には、ちょっとした表現で、人生の真実を感じさせたり、イメージを生き生きさせたりするものがありますから、それは生かしたいと思います。

たしかに、短くするには、細部や具体例を省いて抽象的に表現すればよいのですが、それでは物語るたのしみはなくなります。よくできた昔話を見ると、映画でいうクローズアップの手法のように、重要な場面は、拡大して具体的に描写し、しっかり見せてくれるものです。たとえば、「ねむり姫」。うらない女の予言のあとは、姫が成長する十五年の歳月を、一気にパッととびこしてしまいますが、姫が、塔のまわり階段をのぼるところからは、実況放送のように克明になります。こういう手法は効果的です。

また、昔話には、くどくどいわなくてもひとことでピッとわかる、という的を射た表現があるものです。「子どもと馬」でも、「ねどこに毒ヘビを入れる」というだけで、まま母と子どもの関係や、状況の切迫度がいっぺんでわかります。こういうところは生かしたいですね。

それから、もうひとつ、削るのはいいのですが、その前後によく注意していないため、つながりがわるくなった例がほかの人の案でありました。たとえば、次のふたつの例では、いずれも傍線の部分を削ってあります。

Ⓐ この町の皇帝は、美しい馬には目がありません。もし、わたしをこのままのすがたで見たら、きっとあなたからとりあげるでしょう。だから、どろをとってきて、わたしがひどい馬に見えるように、あちこちになすりつけてください。

Ⓑ このことは、ほかの馬丁たちのねたみを買いました。そこでみんなは、どうしてこの少年が、あのようにおどろくほどうまく仕事をやってのけたのか、そのひみつをなんとかさぐりだしたいと思って、この子のすることをものかげからこっそり見ていました。

すると、Ⓐでは、「だから」ということばが、前の文とつながらないし、Ⓑでは、「そのひみつが」がどのひみつかわからなくなってしまいます。つながり具合をよくするため、削ったあとには〝アフターケアー〟が必要です。基本的には、出来事、事実を残し、理由、説明は簡略にすることが必要ですが、文を削った場合は、前後のつながりに注意してください。

その三、金の髪のおとめの救出から最後まで

原文　十八頁上四行〜二二頁

● 最終段階ですね。もとの文は一一八行で、いちばん短い人は八七行。ここは、あまり削れないことがわかります。

また、ここには「白鳥」にはない問題があります。削るのではなく、場合によってはつけ加えて、話をととのえる必要があるということです。

いちばんの問題は、ここまでは馬が少年に皇帝の難題を解決する方法を指示していたのに、今回は、そこがあいまいになっていることです。これまでの流れからいって、今度もそうしたほうがよいと思います。Bさんはそうしています。

馬はとまって少年にいいました。

「この家には魔女がいて、金の髪の毛のおとめをおりにいれ、へやにとじこめて三つもかぎをかけてい

ます。あなたはその魔女ばあさんのところにいってやとってもらってください。すきをみて金の髪のおとめを助け出しましょう。」

少年はいわれたとおり魔女のところへいき、やとってくれるようにたのみました。

とてもよくできています。これだと、少年があとで、もう我慢できないと馬に訴えるところも自然だし、「話の先取り」もうまくいきます。

金の髪のおとめを助け出すという課題が出たところからあとは、表現をシンプルにすることで、少しずつ削ることができます。たいていの人が上手に削っています。原文を追いながら、検討してみましょう。原文はこうです。

ばあさんはいいました。

「よかろう、やとってやろう。ただし、七年間ここで働くとやくそくすればの話だが。」

少年は承知し、すぐその日から働きはじめました。

◆「七年間ここで働いて」とありますが、実際には七年も働きません。この「七年間」は、必要でしょうか。

●これが実際に働く時間というより「七」という数字のもっている魔術的な効果に意味があるのではないでしょうか。「七」は昔話によく出てくる数です。このあとにも

「そのうちに、わたしは、もういっぺんあの家の前へいきます。そして、魔女のやつをうんと遠くまでおびきだしてやります。そのまに、あんたは禁じられたへやの戸をやぶり、おとめをつれだして、魔女が走っていったのと同じ方角に走ってきてください。」
七日めに、魔女が、おとめにきょうの仕事をいいつけようとしているときに、馬がすがたを見せました。

と、馬が二度めに現れるのも「七日め」だし。

◆その「七日め」ですが、馬は若者には「そのうちに」いくとしかいっていません。ここも「七日め」とはっきりいったほうがよいでしょうか。

●そのほうがいいと思います。そして、そのことば通り七日めにきた、というほうが昔話らしい。

◆「四年間とじこめられていた」の「四年間」はどうですか。計算は合いますが。

●あってよいのではないでしょうか。
縮めるのとは別の問題になりますが、ことばの調子というか、表現をととのえたいと思う箇所がいくつかありました。たとえば、魔女が川で溺れるところ。「さざなみが広がっていた」とありますが、力強い雰囲気の昔話だから、ここはこのような〝文学的〟暗示的表現でなく、はっきり「死にました」といったほうがよいように思います。

ほかにも「あの馬ほど大なべの近くに立っているものはありませんでした」といったいい方。直訳的で、私の訳文がわるいのですが、もっとストレートに「馬は大なべのすぐそばに立っていました」のほうがいいと思います。逆に「皇帝はにえて死んでしまいました」は、生々しすぎてよくありません。「にえたぎる乳のなべに落ちて死にました」のほうがいいでしょう。

三回に分けて、ようやく終わりまできました。この話の場合は第一段階を大幅に削り、第二段階はほどほどに、第三段階は、ほとんど削れないという感じになりました。全体を通して読みなおしてみると（あるいは、もっとよいのは語ってみると）また問題が出てくるかもしれません。

今回検討した、この最後の段落は、大きくは削れないところでしたが、提出されたテキストを見ると、参加者の目のつけどころが、共通してきたように感じます。削る箇所が少なかった分、今回はテキストを「ととのえる」ことに注意が向けられました。ひとつの問題は、金の髪のおとめを助け出す方法を、馬に指示させるようにテキストを考えたことです。ここは、前二回にならってしたことですし、昔話の法則にもかなったことだと思います。

しかし、一般的にいって、こうしたテキストの変更は、慎重の上にも慎重にすべきだと思います。創作の場合は、作家の許可なく変えることは考えられないので、問題は昔話に限られると思いますが、昔話だからといって好き勝手に変えてよいわけではありません。適切な判断ができるためには、昔話の構造や表現様式など「昔話の文法」ともいうべきものをわきまえている必要があるし、何よりふだんから昔話を語り聞く経験を重ねて、一種の勘を身につけておく必要があるでしょう。いずれにしろ、まず、もとの話を大事に扱う姿勢が求められます。

さらに、ひとつの話のテキストに手を入れようとするときには、その話の類話に当たっておくとよいでしょう。それぞれの話に共通の要素と、話によって違っている特色がつかめれば、判断の助けになります。

また、外国の昔話であれば、その国のことをよく知らずに、テキストを書きかえることが、大きな間違いを引き起こすかもしれないことをわきまえておく必要があります。

馬が魔女をおびき出す場面で、「宝石」というような集合名詞でなく、「ルビー」「真珠」というように具体的な宝石の名をあげるほうが、色、形などがはっきりイメージできてよいと思いますが、かといって、集合名詞で書かれているものをいつも勝手に具体的なものの名におきかえることができるとは限りません。

ひとつの例をあげてみましょう。私が語る話の中に「犬になった王子」というチベット族の昔話があります。(『白いりゅう黒いりゅう』賈芝・孫剣冰編　君島久子訳　岩波書店　一九八〇年）その中で主人公のむすめが踊りながら気に入った若者に、ふところに入れた果物を投げる、というのがこの土地のむこ選びのしきたりだというところがあるのですが、この果物が何かわからない。語っていて、このところは少しもどかしく、「桃」とか「瓜」とかいえたら、イメージが定まっていいのにと思うのですが、勝手にそうするわけにはいきません。この地方に育つ果物がどんなものか、むこ選びに使われる特別の果物があるのかどうか、その知識が私にないからです。

また、以前、ユネスコ・アジア共同出版計画の仕事で「アジアの昔話」の編集をしていたとき、〝食べるものもない貧乏な人〟ということをいうのに、すぐ〝三度の食事も思うようにとれない〟

という表現が思い浮かんだのですが、もしかしてその地方では一日二食がふつうなのかもしれないと思って、やめたことがありました。

同じ「アジアの昔話」の英文訳をコルウェルさんに編集していただいた折、ベトナムの「カオ兄弟の物語」の中で、「しゅうとめが嫁に家事をまかせるようになった」というくだりを、コルウェルさんは、話の筋に関係ないこととして削ろうとされましたが、私が、これは家族の中の嫁の位置を示すものだからと説明して、残してもらったことがありました。コルウェルさんは、「こういうことは大事なことだ。だから、その国の文化を知らない人が昔話を再話するときには、よくよく注意しなければいけない」と、話しておられました。

どんな再話でも、活字になってさえいれば、さわってはいけないもののように思い、語りにくいところや、聞いていて、つじつまの合わないところがあっても手を入れないという態度もよくないと思いますが、テキストをととのえるときには、類話を読み比べ、昔話の基本を守り、外国の昔話なら、その国の文化的背景も考慮した上で、慎重にしたいと思います。

文章、その他の問題

● 今日は全体を通して、バランスを考え、また、ことばづかいについてもチェックしましょう。何か気がついたことはありましたか？

◆馬が群のリーダーの種馬と戦う前ですが、馬は少年にこういっています。

㋑ 上着をわたしに着せて、灰がこぼれないよう口のところをぬってください。

㋺ やぶの中にかくれて、わたしのすることを見ていなさい……。

㋩ 向こう岸に、馬が見えるでしょう……あの中の頭《かしら》の馬と戦ってきます。

ここは㋑㋩㋺と順番を変えるほうが聞く子どもの立場からはわかりやすいように思いますが。

●読んだ限りでは、どうしても順番を変える必要があるとは思えませんが、ただ、語ってみてそう感じたのなら、変えたらよいと思います。

目で読みながらテキストをととのえたと思っても、語るためにいざおぼえはじめると、またいろいろな問題が出てくると思います。ここは、順番を変えたほうがいいかとか、テキストでは句読点がついているが、ここで切ると語りにくいとか、ここはたたみかけているところなのに、この文章では舌がまわらないとか。何度も語っているうちに自然に脱落してしまうところもあるかもしれないし、知らず知らずつけ加えてしまうところも出てくるでしょう。

おぼえる段階でもそうですが、いったんしっかりおぼえて語りはじめたあとも、何年も語っているうちにテキストは抜け落ちたり、口にのりやすいように変わったりします。自分としてはすっかり落ち着いたと思える段階になってから、もとのテキストと比べてみるとおもしろいかもしれません。そういうふうに変わるのは自然だし、語ることによって、その人の中にその人らしい語り口というか、リズムができあがっていくのだと思います。

「子どもと馬」についても、大きく削る箇所についてはみなさんだいたい一致したようですが、ここまでくると、文章の上だけではきめられません。語り手が実際それをどういう調子で、どういうふうに表現するかによっても、ずいぶん違ってくるからです。

みなさんも経験なさっているでしょうが、まったく同じテキストを使っても、語り手によって違って聞こえる場合があります。ひとりの人が語っているときは、話が一貫していないように思えて、途中何度も「あれ？」「あれ？」とひっかかったのが、別の人が語ったときはすんなり聞けたということもあります。また、ある人が語ると細かい部分に注意がいったのに、別の人のときには、細かいことは気にならず話の流れにのせられて最後までいった、ということもあります。

ですから、これからあとは、語りこむことによって磨きをかける、というか、語りつつ——ときには無意識に——テキストに手を入れていくということになると思います。

今、ここまでくると、文章だけではきめられない。どう語るかもあわせて考えなければといいましたが、そのひとつの場合は、「ひろったらそれはきみにはいいことさ。ひろわなかったら……それもいいことさ」という馬のせりふの中の「さ」です。

これはけっして「どっちでもいいさ」という投げやりな調子で語ってもらうことを予想しているのではないのですが、そう読まれる危険（?）はあります。その危険を避けようとすれば「……いいことだ」と「だ」にするか、「ひろってもいい、ひろわなくてもいい」といういい方にするか、すぐそのあとに続く馬のせりふ、「この町の皇帝は、美しい馬には目がありません。もし、わたしをこのままのすがたで見たら、きっとあなたからとりあげるでしょう。……」が、かなりお行儀のよいことばづかいなので、それとのバランスも考えなくてはならないでしょう。

それからひとつ、みなさんのテキストを読んでいて、ところどころ全体から少し浮いている感じのする文章があるのが気になりました。

「語ることば」というより、「文章のことば」という気がするのです。例をあげてみると、

㋑ ぼくたちふたりが、二、三日食べられるくらいの食糧をとっていらっしゃい。

㋺ どうぞ、わたしを馬丁に任命してください。

㋩ 皇帝の命令を実現するのはあきらめなきゃならないと思うよ。

㊁ おとめが、りりしい美しい若者になった自分の馬丁に愛情のこもったまなざしを投げるのを見て、しっとに心がやかれる思いがしました

などです。

これは、全部私の訳文そのままで、今になってたいへん恥ずかしい思いをしていますが、もとの英文に当たってみると、ほぼ正確にそのまま訳してあることがわかります。「任命してください」は〝Appoint me！〟というように。訳すときは、どうしてももとの英文に引きずられる傾向にあるのです。語るテキストとしてみると、手直しの余地があります。たとえば㋩を、ある人は、「今度ばかりは、皇帝の望みをかなえることはできないかもしれないよ。」としています。こちらのほうがずっとよいと思います。ほかにも、「この仕事はあきらめようよ。」としている人もありますが、これは少し飛躍しすぎかもしれません。とにかく、ここに例にあげたような箇所はもう少しこなれのいい、語りやすいことばにあらためたほうがよいと思います。

ただ、私がここで非常におもしろいと思ったのは、私がこうした表現に違和感をおぼえたのは、

みなさんの短くしたテキストを読んでいるときだった、ということです。これまでも、もちろん、この話は読んでいたし、子どもに読んでやったこともあります。でも、これまでは、これらの表現が〝文章文章している〟とか、全体から〝浮いている〟とか、あまり感じていませんでした。思うに、これは、短くするために全体に枝葉をそぎ落としていった結果、話がより素朴に、より直截になったためではないでしょうか。話全体がそのようにシンプルになった中に置かれると、文章語が浮いてきたのだと思います。これは、再話のスタイルといったことを考える上でとても興味のあることだと思いました。

この話のもとは、オックスフォード出版局から一九五七年に出た『ユーゴスラビアの民話』(*Yugoslav Folk-Tales*, Oxford Univ. Press,1957) からとったものでプロダノビッチという人の再話です。再話者の使った資料はカラジッチとプロダノビッチによるセルビア民話集だそうで、プロダノビッチの再話が、原話とどう違っているかを比べることはできませんが、本全体を読んだ感じからいえば、プロダノビッチの再話は、文学的というか読み物風です。短くすることは、それを単純な昔話に戻すことになり、そのことで語りの文体と読み物の文体の違いが浮き彫りにされたのだと思います。今回の作業を通して、両者の違いを実感できたのは非常におもしろい体験でした。

次に、Cさんのテキストがほかの人とは違うアングルから書かれていて、とてもおもしろかったので、何箇所か聞いてみてください。まず、冒頭の部分。

とあるいなか道を、馬にのった男の子がやってきました。
この子はいじわるなまま母に、家を追い出されてきたのです。

おとうさんは、やっと再婚できたうれしさに、まま母のいうことばかり聞いて、男の子のいい分に耳をかそうとしませんでした。とうとう、まま母が子どもを毒殺しようとするようになりました。そのたびに、かしこい馬は、スープに毒がはいっているよ、とか、ベッドには毒ヘビがはいっているよ、とか教えて、子どもを救ってきたのですが、おとなと子どもの戦いでは、しょせん勝ち目はありません。そこで子どもと馬は、ある朝、まだ暗いうちに、こっそりと家を出てきたのでした。

まるで映画のワンシーンのようなはじまりです。霧のかかった並木道の遠くのほうから馬がかけてくるところが目に浮かぶようです。ですが、昔話のはじまり方とは、ずいぶん違います。物語が遠景でとらえられていて、主人公との間に距離があります。冒頭で主人公との一体化をさせてしまう昔話とは、話のもっていき方が違っています。

次は、皇帝に金の髪のおとめを連れてこいと命令されたところです。

「やれやれ。こんどの仕事は、ほんとうにやっかいなことになりますよ。でも、二度までうまくいったのだから、三度めだって、うまくいかないものでもない。皇帝に、宝石をひと袋、もらっていらっしゃい。あなたのよそゆきも必要ですよ。そうしたら、でかけましょう。」

少年は、皇帝に、宝石をひと袋とよそゆきの服をもらいました。きれいな服を着た少年は、すっかりおとなびて、りりしい若者に見えました。馬はいいました。

「やあ、あなたも、いつのまにか、すっかりおとなっぽくなりましたね。これなら、うまくいかないものでもない。さあ、でかけましょう。」

ここでは、傍線のように若者が結婚してもいいくらいに成長したことを強調しています。しかし、昔話を聞いているときは、人物の年齢はほとんど気にならないものです。マックス・リュティが

平面的な昔話の世界には時間の次元も欠けている。たしかに昔話のなかには若者もいれば老人もいる。……ところがしだいに年をとっていく人間は昔話には存在しない。

マックス・リュティ著『ヨーロッパの昔話――その形式と本質』（三三―三四頁）

といっている通りです。

たとえばグリムの「七羽のカラス」で、兄さんたちがカラスにされている時間はとても長い――その間に妹が成長してむすめになるのだから――のに、魔法がとけて人間に戻ったとき、「七歳だったいちばん下の弟も、もう十七歳になっていました」などと言及していません。話を聞いていても、七人の兄さんたちが何歳かというようなことにはまったく注意が向きません。

イギリスの昔話の「かしこいモリー」でもそうです。三人の女の子は森に捨てられたときは幼かったはずなのに、大男のところから逃げ出したあとは、すぐ王さまの息子と結婚します。でも、「えっ、結婚！　あの子たち七つじゃなかったの？」というふうには思いません。そういうことを思わせない枠組の中で話が進行するからです。

だから、Cさんのテキストのように年齢や時間の経過を示す文がさしはさまれると、今まで意識していなかった時間の問題に逆に注意が向けられ、気づかなかった矛盾が気になる結果になりかねません。馬の前で「どうしよう？」と泣いている子どものイメージは幼いのに、よそゆきの着物を着たとたんにりりしい若者になった、といわれると人工的に成長させられた（？）気がするのです。

また、最後、煮えたぎる乳の大なべにとびこむところは、次のようになっています。

馬は、かまのすぐ近くに立ち、かまのほうをむいて、とてつもなく大きなくしゃみをしました。くしゃみのおかげで、乳はぶわっとあたりにとびちりました。馬丁のはく、がんじょうなブーツをはいた若者は、さっとかまにとびこみ、とびだしました。とびだした若者を、民衆の歓呼の声が出むかえました。

「勇敢な若者よ！　われわれの皇帝になってくれ！」

民衆はさけびました。そして、みんなは、皇帝の方をむいて、さけびました。

「ざんこくな皇帝よ！　こんどは、おまえが大がまにとびこむ番だ！」

兵士たちも、いっしょにさけびだしました。人々は、皇帝の気まぐれと残酷さには、うんざりしていたのです。皇帝は、もう、じぶんの思うとおりにならないのをさとりました。そこで、最後の願いとして、自分の馬を連れてきてくれるように、たのみました。

最後の願いは許されましたが、皇帝の馬は、ただの馬だったので、ただ、大がまのそばにつっ立って、カラス麦をもごもごとかんでいるだけでした。上品なうすい靴をはいていた皇帝は、若者ほど高くジャンプすることができずに、まっかに焼けた大がまの底で、じりじりと焼け死んでしまいました。

Cさんがこう書きたい気持ちはよくわかります。昔話が行動の理由や、動機に関心を示さないのが、物足りなく思われるのでしょう。でも、昔話が行動の背景や理由を説明しないのは、昔話の主人公は現実世界の因果関係とは別の原理で動いているからです。若者が成功し皇帝が破滅するのは、昔話の原理にのっとった必然であって、靴が厚いかうすいか、ジャンプ力があるかないか、というレベルの問題ではないのです。傍線のような文をつけ加えることは、昔話の法則からは外れると思いますが、どうでしょうか。でも、Cさんが、こうした独自のテキストを提出してくれたために、逆に昔話の特質をはっきり見直すことができ、よい勉強になったと思います。

話が前後しますが、昔話というものを考える上で、つけ加えておきたいことがあります。前にも出てきた、アヒルをつかまえるところですが、アヒルが「好奇心から」鏡を見ていてつかまるというふうに書いている人がいました。好奇心から見ることももちろんあるでしょうが、「自分の姿に見とれているすきに」というのが、私には人間の姿を描いているようで捨て難く思います。うぬぼれや自己陶酔が思わぬ落とし穴になるということは、人生にはままあることではないでしょうか。（ホテルの化粧室で鏡にうつった自分の姿に見とれている隙にハンドバッグを盗まれる、とか！）

小さい子なら、あまりおぼえてもいないようなこういうくだりが、私には昔話のかくし味のように思えて好きです。魔女ばあさんが宝石を追いかけるのに必死で、川が目にはいらない、ということなども、人間のある姿をうつしていると思います。こういう形で昔話はさりげなく、人間についての知識、知恵を伝えているのです。これらの知識、知恵は、子どもに、そのときすべて理解され、受け止められるとは限りません。おそらく、大方は、ただ子どもの心を通過していくだけでしょう。おとなになって、ある体験をしたときに、それが甦って「ああ、あれはこういうことだったのか！」とか、「考えてみれば、まったくあの通りだ」とひらめいたり、納得したりするのだと思います。

伝承の語り手は、ふつう、幼時に話を聞いて育ち、働き盛りには話から遠ざかっていますが、老年期にはいって孫を相手に語りはじめるということが多いと思います。そして、語りはじめると、子どものときには気にもとめなかったことの中に、意味を見出すことがあるのではないでしょうか。長い人生を経る中で、必ず昔話にこめられた知識や知恵が真実だと思える体験を重ねているに違いないからです。そうした語り手が実感に裏付けられて、思いをこめて語るので、また次の世代へ話が伝えられていくのだと思います。

ある話を短くするというような作業も、それをする年齢によって――それをする人の人生経験によって――やり方が違って当然でしょう。

二十代であれば、思い切りよくばっさり削ることができた箇所が、五十代では捨てられない、ということもあると思います。同じテキストで語っていても、力点の置き方が違ってくることもあると思います。

こうして、さまざまな人生経験が次々に織りこまれて、昔話は世代を超えた共有財産になっていくのです。昔話は、人間についての知識や生き方の知恵が織りこまれたタペストリーのようだと思います。物語を縮めたり書きかえたりするときには、こういったことにも配慮してほしいと思います。

もとのテキストで三二二行あった「子どもと馬」は、最終的にそれぞれ、一八四、一八四、二〇八、二一一、二一三、二一四、二二〇行に縮まって、目標を達成しました！

では、実際に語ってみましょう。くり返し語ることで、無意識的にも訂正が加えられ、自然に落ち着くところに落ち着くでしょう。

語るためにととのえたテキスト例 1

子どもと馬

あるところに、男がいて、この人におさないむすこがありました。妻は、この子を生んだあとすぐなくなったので、男は、二度めの妻をむかえました。

ところが、運のわるいことに、男がえらんだのは、わるい女でした。おさないむすこにとっては、よい母親ではなかったし、夫を愛してさえもいませんでした。夫がじゃまなので、病気のふりをしては、遠くの町や村まで薬を買いにやりました。

それでも、まだ、ままむすこがうちにいるので、気が晴れるというわけにはいかず、女はどうしたらこの子をやっかいばらいできるだろうと考えていました。

ある日のこと、女は、むすこのねどこに毒ヘビを二ひきいれました。そして、子どもにいつもよりはやくねるようにと、しつこくいいつけました。

「すぐねるよ、かあさん、ぼくの小馬にえさをやったらね。」と、子どもはいってから、馬屋にいきました。小馬の美しい頭をやさしくなでてやっていると、耳もとでこんなささやきがきこえました。

「今夜、自分のねどこでねるんじゃない。ままおっかさんが、中に毒ヘビを二ひきいれている。おっかさんは、あんたを殺そうとしてるんだ。ぼくといっしょにここにいて、ほし草の中でねるほうがいい。」

そこで、むすこは、そのとおりにしました。まま母は、つぎの朝、むすこがぴんぴんしているのを見て、ひどくがっかりし、これまでにもましてつらくあたりました。

ある日の夕方、いいつけられた仕事をおえて帰ってきたむすこに、まま母は、

「さ、おいしい晩ごはんをつくっておいたからね、さめないうちにはやくおあがり。」

むすこが料理を口にいれようとしたとき、家のすぐ近くで、馬がみょうな声でいななくのがきこえました。むすこがあわてて外へ出てみると、馬が自分についてくるようにと合図をするのです。まま母にきかれる心配のないところまでいくと、馬は、子どもにいいました。

「あの肉をひと口も食べちゃいけない。まず、ひときれ犬に

やって、どうなるか見てごらん。もしも犬がそのあとなんともなかったら、あんたも食べていい。」

むすこは、いわれたとおりにしました。すると、おどろいたことに、犬は、さいしょのひと口をのみこんだとたん、その場にたおれて死んでしまいました。むすこは、母親にいいました。

「かあさん、この肉に毒がはいってる。ぼくは、食べないよ。ぼくがいったい、かあさんになにをしたっていうの。」

「おまえに、そんな口はきいてもらいたくないね。もし、ここが気にいらないんなら、たったいまこの家から出ていってもらおう！」

子どもは、だまって馬屋にいきました。わるい女は、だれが自分の計画をつぶして、むすこにもらしたのか知りたいと思いました。あれこれせんさくして、とうとうそれが馬のしたことだとわかりました。女は、馬にしかえしをしてやろうと思いました。

それからまもなく、薬を買いにいった夫が帰ってきましたが、女は、買ってきた薬は見向きもせず、うちの馬の肝臓だけが自分の病気をなおすことができるのだといって、馬を殺してくれるようしつこく夫にたのみました。夫はしかたなく承知しました。

その夕方、むすこが馬にえさをやりにいくと、馬は、ひどく元気がありませんでした。

「どうしたんだい、ぼくのかわいい馬？」と、子どもはたずねました。

「きみのお父さんは、あすぼくを殺そうとしてる。きみの、ままおっかさんが、ぼくの肝臓を食べたら病気がなおるとうそをついたんだ。ぼくがいなくなってしまったら、きみをたすけてくれる者はだれもいなくなってしまう。そうしたら、あの女は、しまいには、のぞみどおりきみを殺してしまうだろう。」

子どもは、両うでを馬の首にまわし、はげしくすすりなきました。

「どうしたらいいの？　どうしたらいいの？」と、子どもは、この忠実な友にたずねました。

「にげだしましょう。ぼくたちふたりが、二、三日食べられるくらいの食糧をとっていらっしゃい！」

そして、日の出前、ふたりはこっそりと庭から出ていきました。家を出たところで、むすこは馬にのり、馬は、全速力でかけだしました。

とつぜん、子どもは、道ばたの草の中に金のゆびわがおちているのに気がつきました。

「これをひろってもいいだろうか？」と、子どもは馬にききました。

「もし、ひろったら、それは、きみにはいいことさ。もし、ひろわなかったら、それも、やっぱりいいことさ。」と、馬はこたえました。

子どもは、馬をおり、その小さなゆびわをひろって、かばんの中にいれました。

ふたりは、どんどんさきへいきました。長いことたって、むすこは、目の前のほこりの中に、金のてい鉄がおちているのに気がつきました。

「これをひろってもいいだろうか？」と、むすこは、また馬にたずねました。

「もし、ひろったら、それは、きみにはいいことさ。もし、ひろわなかったら、それもやっぱりいいことさ。」と、馬はこたえました。

むすこは、てい鉄をひろい、これもかばんにいれました。

またさきへとすすみました。とつぜん、目の前の道のまん中に、金色の髪の毛が一本、くるくるとまるくなって光っているのが見えました。

「これをひろってもいいだろうか？」

「ひろっても、ひろわなくても、どっちにしても、きみにはいいことさ。」

子どもは、それをひろい、ほかの品といっしょに、かばんにいれました。

そこからあまりいかないうちに、白い町が見えてきました。

馬はとまっていいました。

「この町の皇帝は、美しい馬には目がありません。もし、わたしをこのままのすがたで見たら、きっとあなたからとりあげるでしょう。だから、わたしがひどい馬に見えるように、どろをなすりつけてください。それから、皇帝のところにいって、馬丁にやとってくれとたのみなさい。」

子どもは、馬のいうとおりにして、皇帝のところへいきました。

そして馬丁にやとってくれ、というと、皇帝は、おおわらいをしていいました。

「おまえは、自分の馬の手いれをすることさえ知らんじゃないか。」

「いいえ、きっと、はずかしくないだけの仕事はいたします。」

皇帝は、むすこをやといいれました。そして、半分死にかかっているような馬を六頭えらんで、この子にせわをさせるようにしました。

少年は、いっしょうけんめいつとめましたので、六週間たつと、その馬は、皇帝の馬屋の中で、いちばんみごとな馬にかわりました。

少年は、またべつの六頭を、つぎにまた六頭をというように、つとめていき、とうとう皇帝の馬屋の馬は、みな、少年の手にかかり、よく手いれされて、見ばえのする馬になりました。少年は、すっかり皇帝の気にいられるようになりました。

ところが、このことは、ほかの馬丁たちのねたみを買いました。みんなは、少年があのように仕事をうまくやってのけたひみつをさぐりたいと思って、この子のすることをものかげからこっそり見ていました。すると、ある日、少年が馬の腹の下になにか投げたのが見えました。馬丁たちは、走っていって、ひったくるようにその品ものを地面から、ひろいあげました。それはなんだったのでしょう？　それは、あの金のゆびわと、金のてい鉄と、金の髪の毛でした。

いじのわるい馬丁たちは、すぐに皇帝のところへいき、あの少年は、魔法使いだといいつけました。

皇帝は、このわるい男たちのいうことを信じ、すぐさま少年をよびつけて、きびしくこういいわたしました。

「三日以内に、いま、おまえがもっているのとそっくり同じ金の輪を足にはめたアヒルをもってこい。さもなければ、おまえを殺す。」

少年は、心配でたまりませんでした。

そして、おこったことをのこらず馬に話しました。

「心配することはありません。皇帝にいって、鏡をなん枚かもらいなさい。そしたらわたしがアヒルのいる場所につれていってあげます。」

少年は、いうとおりにしました。

馬は、少年をのせて、小川が流れているところにきました。馬はとまって、少年のほうへ頭をむけていいました。

「水がうつるように橋げたに鏡を立てかけなさい。そして、かくれて、アヒルがくるのをまっていなさい。そして、アヒルたちが、鏡にうつった自分のすがたに見とれているあいだに、とびだしていってそのうちの一羽をつかまえるのです。」

少年は、いわれたとおりにしました。

少年がつかまえたのは、大きなおすのアヒルでした。それは、ながめているだけでほれぼれするほど美しく、左の足に、金の輪がはまっていました。

日がしずむころ、ふたりは、宮殿に帰りつきました。少年は、このみごとな鳥を皇帝のところにもっていくと、皇帝は、たいへんよろこびました。けれども、この若い馬丁をまだ信用しませんでした。

「さて、今度は、金のてい鉄をはめた種馬を一頭つれてこい。もし、三日以内につれてこなければ、おまえを殺す。」

少年は、このことを馬にうちあけました。すると、忠実な生きものはいいました。

「これは、ちょっとむずかしくなりそうです。わたしに、大きな上着をつくってください。そして、それに灰をいっぱいつめてください。それから、はづなと、さきが三つにわかれたむちをひとつ用意してください。」

少年は、今度もいうとおりにしました。

つぎの日の夜あけ、ふたりは、川にやってきました。

「上着をわたしに着せて、灰がこぼれないよう口のところをぬってください。それから、かくれて、わたしのすることを見ていなさい。むこう岸に、馬が一団見えるでしょう？　あれは、みな金のてい鉄をはめています。わたしは、あの中の頭《かしら》の馬と戦ってきます。わたしもあいてもつかれたら、わたしたちはひと休みします。このときをねらうのです。すばやくそいつの首に、はづなをかけて、くらにとびのりなさい。そしたら、やつをひいて帰りましょう。」

少年は、愛情をこめて馬にキスしました。そして、走っていってしげみの中にかくれました。馬は、いなないて、川へとびこみ、川の中ほどまでおよいでいって、それからひきかえしました。

むこう岸の馬は、草を食べるのをやめ、ふりむいて、少年の馬を見ました。けれども、どの馬も動きませんでした。少年の馬は、もう一度、そして、もう一度川にのりいれました。三度めに水からあがったとき、一頭がむれをはなれ、川をおよぎきって、少年の馬が、まちうけているところにあがってきました。

二頭は、おたがいにはげしくかみあいました。少年の馬がかんだところからは、血が流れましたが、あいての馬がかんだところからは、灰がとびちっただけでした。戦いは長くつづきました。少年の馬からは、灰がほとんど出てしまっていました。そして、種馬のからだは、血だらけでした。このとき、二頭は、ぴたっと動くのをやめました。

少年は、ひとっとびでその場にとびだしていきました。そして、種馬の首にはづなをかけると、くらにとびのり、三本にわかれたむちをならして、町へむかってとぶように走りだしました。

むこう岸にいた馬は、少年たちのあとを追ってきました。これは、みんなめす馬で、自分たちのゆうかんな頭にしたがってきたのです。

宮殿にいた皇帝は、雷のような音がきこえたので、いったいなにごとかとまどのところへいってみました。すると、大通りを馬の一団が、土けむりをまきおこしながら疾走してくるのが見えました。まばゆい日光の中でなにかがキラキラ光るのを見て、皇帝は、これが、金のてい鉄をはめた馬だとわかりました。けらいたちが門をあけるのと、少年が一団の馬をひきつれてとびこんでくるのと同時でした。

皇帝は、これにはおおよろこびしましたが、ほかの馬丁たちは、いままでよりもっと少年をねたみました。そして、あることないこと皇帝にいいつけました。皇帝は皇帝で、少年が、三つめの仕事もうまくやりとげるかどうかやらせてみたくなりました。そこで、「今度は、金の髪の少女をつれてこい。それができぬとあらば、おまえを殺す。」

少年は、もう一度馬に相談しました。

「これは、いままでのうちで、いちばんむずかしい仕事になりそうです。皇帝の倉から、真珠と宝石をもらって、きれいな服を着なさい。それから出かけて運だめしをしましょう。」

ふたりは、出かけました。やがてある森にやってきました。どんどん森のおく深く、はいっていくと、一軒のうちがありました。馬は、とまっていいました。

「この家に、ひとりのばあさんがいて、金の髪をした少女をおりにいれて、へやにとじこめ、そのへやに三つもかぎをかけています。いって召使いにやとってもらいなさい。すきをみて、金の髪の少女を助けだしましょう。」

少年は、いわれたとおり、ばあさんのところにいき、召使いにやとってくれるようにたのみました。

ばあさんは、少年を頭のてっぺんから足のさきまでじろじろとながめてからいいました。

「やとってやろう。ただし、七年間ここで働くこと、三つのかぎがかかっているへやをけっして見ないことをやくそくすればの話だがね。」

少年は承知し、すぐその日から働きました。

こうやって長いこと働きましたが、思いどおりにことをはこぶ見こみはいっこうにありませんでした。あのぬけめのないばあさんは、いっときたりとも、この若者をひとりで家においておかなかったからです。

馬は、このあいだ、小屋から遠くない森でくらしていました。

馬と若者は、ばあさんに見られないようにして、ときどき会っておしゃべりをしました。

「あの魔女ばあさんにやとわれてから、もう三年たっているのに、まだ金の髪のおとめを一度だって見ていない。今度ばかりは、皇帝の命令をやりとげるのはあきらめなきゃならないと思うよ。」

「いま少しのしんぼうですよ。」と、馬はいいました。「わたしに、あなたのもってきた宝石の中からルビーを三つください。そして、くよくよするのはやめなさい。」

若者は、かばんのかくしからルビーを三つ出して馬にわたしました。

つぎの朝、一頭の馬が、ばあさんの家のまどのすぐ前までとことことはいってきました。もちろん、それは若者の馬でした。ばあさんが見ていると、馬は、きみょうなしぐさをしました。ひづめで地面をほり、しじゅう下ばかり見ているのです。

と、とつぜん、ばあさんが息をきらしておもてへとびだしました。ついいままで馬のひづめのあったところに、ルビーがひとつ光っているのが見えたからです。

ばあさんがルビーをひっつかもうと身をかがめたとたん、馬は、おどろいたようににげました。ばあさんは、ハァハァ息をきらしながらあとを追いました。馬のひづめからふたつめのルビーがころがりおちたとき、ばあさんは、あっと息をのみました。ひろおうとして、ばあさんはつまずいてころびました。馬は、その場に立ちどまり、ばあさんが立ちあがると、もうれつないきおいで走りだしました。ばあさんは、よろよろよろめきながら馬のあとを追い、まもなく三つめのルビーを見つけました。そのあと、ばあさんがふらふらとからだをおこしたときには、馬のすがたはもうどこにも見えませんでした。ばあさんは、草の上にすわりこんで、長いことなきわめいていました。もっと若くて、はやく走れさえしたら、もっとたくさんのルビーをとることができたのにと思ったのです。ばあさんはなさけない気持ちで、家へ帰りました。

うちへ帰ると、ばあさんは、ルビーをつぼにいれました。いれながら、あの馬さえもう一度このあたりにやってきたら、このつぼをルビーでいっぱいにすることができるんだがと思いました。

つぎの日、馬と若者は、森の中でこっそり会いました。ふたりとも前の日にやったたくらみがうまくいったのでおおよろこびし、おおわらいしました。馬は、いいました。

「残りの真珠や宝石をください。七日たったら、わたしは、もういっぺんあの家の前へいきます。そして、魔女のやつをうんと遠くまでおびきだしてやります。そのまに、あんたは禁じられたへやの戸をやぶり、おとめをつれだして、魔女が走っていったのと同じ方角に走ってきてください。」

七日めに、魔女が、戸のかぎをあけ、おとめにきょうの仕事をいいつけようとしているときに、馬がすがたを見せました。魔女は、かぎをかけるのもわすれて、うちからとびだし、馬のひづめからおちた真珠や宝石をひろおうと馬のあとを追いました。

若者は、やねうらのほし草の中にかくれていました。女主人が家からかけだしていくのを見ると、いそいで下へおり、さっと戸をおしひらきました。いっしゅん、若者は、少女の金の髪のまばゆさに、目がくらみました。

若者を見ると、少女はせきをきったようにいいました。

「わたしをここからすくいだしてください。この魔女は、もう四年もわたしをとじこめているのです。おねがいです!」

若者は、おとめをうでにだきあげると、魔女のあとを追って走りました。魔女は、馬のひづめからおちるものを、なにひとつ見おとすまいとおいぼれの目をこらしていたので、一度もあとをふりかえりませんでした。馬は、このとき、川へついていました。魔女は、地面ばかり見ていたので、水の中へおちて、おぼれて死んでしまいました。

若者は、おとめをだいたまま、くらにとびのりました。そして、できるだけはやく走って、宮殿に帰りました。

皇帝は、美しい金の髪のおとめをひと目見ただけで、すっかり心をうばわれました。けれども、つぎのしゅんかん、おとめが、りりしい美しい若者になった自分の馬丁に愛情のこもったまなざしを投げ、若者を両うでにだくのを見て、この日のうちにでもおとめと結婚したいと思っていた皇帝は、かんかんになり、召使いにむかってどなりました。

「すぐにいって、金のてい鉄をはめためす馬の乳をしぼれ。そして、それを大がまへいれてにえたたせろ。」つぎに、皇帝は、若者にむきなおっていいました。

「おまえは、そのにえたった乳の中へとびこむんだ。おまえが自分でとびこまんのなら、殺してやるからな。」

若者は馬のところにいき、目になみだをためてことのしだいを話しました。

馬はいいました。

「皇帝のところへいって、死の現場を、お気にいりの馬に立ちあわせてもらいたいといいなさい。やつらが、わたしをそこへつれていってくれたら、わたしは、近よれるだけ大なべの近くによって立つようにします。そして、なべにむかってくしゃみをして、にえている乳を、なべのまん中からふきとばすようにしますから、あなたは、そのしゅんかんになべにとびこんで、さっととびだすのです。これでうまくいくようにいのりましょう。」

皇帝は、若者のねがいをききいれました。そして、いそいで、この若者の死ぬところを見にいきました。火のまわりには、おおぜいの群衆が集まっていました。あの馬は、大なべのすぐ近くに立っていました。

番兵が、若者を大なべのところにつれてきました。馬は、もうれつないきおいでくしゃみをしました。そのしゅんかん、若者は、さっとなべにとびこんで、とびだしました。

群衆は、心から拍手をおくり、それからこのおおしい若者を、これほどまでにむごいあつかいをした皇帝にいかりをつのらせて、口ぐちに皇帝自身、このにえたぎる乳の中へとびこむがいい、さもないと、いまからのちは、この若者を皇帝にえらぶぞとさけびました。

のがれるすべはありませんでした。皇帝は、お気にいりの馬をひいてこさせ、自分の死の証人に立たせました。あわよくば、若者と同じようにして命がたすかるようにとねがっていたのです。

馬は、大なべのところにつれてこられました。けれども、この馬は、ただのあわれな生きものにすぎませんでしたから、皇帝が乳の中にとびこんだときも、なんのことやらさっぱりわからず、もぐもぐと、さっき食べたカラス麦をかんでいました。そこで、皇帝は、にえている乳のなかで死んでしまいました。

このときまでに、大群衆にふくれあがっていた人びとは、おおよろこびして、この若者を皇帝にしました。

新しい皇帝は、まもなく、金色の髪のおとめと結婚しました。

この皇帝の治世は長く、しあわせなもので、人びとは、自分たちの知っているいちばんなさけ深い皇帝として、長く心にとどめました。

語るためにととのえたテキスト例 2

あるところに、男がいて、おさないむすこがひとりありました。妻は、この子を生むとすぐなくなったので、二度めの妻をむかえました。

ところが、男がえらんだのは、わるい女でした。女は病気のふりをしては、夫に遠い町まで薬を買いにいかせ、夫がいなくなると、自分のためだけに、おいしい料理をつくるのでした。

それでも、まだ、むすこがうちにいるので、したいほうだいにするわけにはいきません。

そこで、ある日のこと、女は子どものねどこに毒ヘビを二ひきいれ、いつもよりはやくねるようにと、いいました。

「すぐねるよ、かあさん、ぼくの馬にえさをやったらね。」と、子どもはいって、馬屋にいきました。子どもが馬の頭をなでてやっていると、耳もとでこんなささやき声がきこえました。

「今夜、きみのねどこにねるんじゃない。まま母が、毒ヘビを二ひきいれてある。あの女は、きみを殺そうとしてるんだ。ここでぼくといっしょに、ほし草の中でおやすみ。」

むすこは、いわれたとおりにしました。つぎの朝、子どもがぴんぴんしているのを見ると、まま母は、ひどくがっかりしました。

しばらくして、ある日の夕方、子どもがぶどう畑から帰ってくると、まま母は、こういいました。

「おなかがすいたろう。さ、おいしい晩ごはんをつくっておいたから、はやくおあがり。」

ところが、子どもが料理を口にいれようとしたとき、馬がきみょうな声でいななくのがきこえました。子どもが、あわてて外へ出てみると、馬はこっそりいいました。

「あの肉を食べるんじゃない。まず、ひときれ犬にやって、犬がなんともなかったら、きみもお食べ。」

子どもは、台所へもどって、いわれたとおりにしました。すると、犬は、ひと口のみこんだとたん、その場にたおれて死んでしまいました。

まま母は、あれこれ考えて、自分の計画を子どもにおしえたのが馬であることを知ると、しかえしをしてやろうと思いました。

それからまもなく、夫が薬を買って帰ってくると、女はいいました。

「おまえさん、せっかくだけど、この世でわたしの病気をなおせるのは、たったひとつ、うちの馬の肝臓だけだよ。あれを食べたら、すぐに元気になれるのだけれど。」

男は、これをきいて、馬がいなくなれば、むすこがどんなにさびしがるだろうと思いましたが、女があまりせがむので、しかたなく馬を殺すことにしました。

夕方、子どもがえさをやりにいくと、馬は、ひどく元気がありません。

「どうしたんだい、ぼくのかわいい馬？」と、子どもはたずねました。

「ああ、きみのお父さんは、あすぼくを殺そうとしている。ぼくがいなくなったら、あの女は、きっときみも殺してしまうだろう。ここにいて、あの女のしたいようにさせるわけにはいかない。ふたりでここから、にげだそう。」

ふたつのふくろに食糧をつめると、ふたりはこっそり家をはなれ、旅に出ました。森をぬけ川をわたり、ふたりは、長い間旅を続けました。

ある時、子どもは、道ばたの草の中に小さな金の輪がおちているのに気がつきました。子どもは馬にたずねました。「これをひろってもいいだろうか？」

馬はこたえました。「もし、ひろったら、それは、きみにはいいことさ。もし、ひろわなかったら、それも、やっぱりいいことさ。」

子どもは、その小さな金の輪をひろうと、肩にかけていたかばんの中にいれました。

ふたりは、またどんどんさきへいきました。しばらくいくと、子どもは、日の前のほこりの中に、金のてい鉄がおちているのに気がつきました。

子どもは、また馬にたずねました。「これをひろってもいいだろうか？」

馬はこたえました。「もし、ひろったら、それは、きみにはいいことさ。もし、ひろわなかったら、それも、やっぱりいいことさ。」

子どもは、その金のてい鉄をひろい、これもかばんにいれました。

それから、またさきへとすすみました。すると、今度は、道のまん中に、金色の髪の毛が一本、まるまって光っているのが見えました。

子どもは馬にたずねました。「これをひろってもいいだろうか？」

馬はこたえました。「もし、ひろったら、それは、きみにはいいことさ。もし、ひろわなかったら、それも、やっぱりいいことさ。」

子どもは、その金の髪の毛をひろい、ほかの品といっしょに、かばんにいれました。

そこからあまりいかないうちに、大きな町が見えてきました。馬はとまっていいました。

「この町の皇帝は、美しい馬に目がありません。もし、このままのすがたでわたしを見たら、きっととりあげようとするでしょう。だから、わたしがひどい馬に見えるように、体中にどろをなすりつけてから、皇帝のところにいって、馬丁としてやとってもらいなさい。」

そこで、少年は、皇帝のところへいって馬丁として使ってくださいとたのみました。

これをきくと、皇帝は、おおわらいをしていいました。

「おまえは、自分の馬の手いれさえ満足にはできんじゃないか。それで、どうして、わしのお気にいりの六頭のめんどうが見られるというのじゃ？」

けれども、皇帝は、ひとつじょうだんにやらせてみるのもおもしろかろうと思って、皇帝の馬屋の中でいちばんわるい馬を六頭えらんで、この少年にせわをさせるようにといいました。

少年は、いっしょうけんめいつとめましたので、六週間たつうちに、その六頭は、皇帝の馬屋の中で、いちばんみごとな馬にかわりました。

皇帝は、少年の仕事ぶりにおどろき、もう一度、のりつぶされた馬を六頭えらんで、この少年にせわをさせるようにといいつけました。

少年は、今度もりっぱに仕事をやりとげました。

こうして、少年は、またべつの六頭をあたえられ、つぎにまた六頭というように、つとめていき、とうとう皇帝の馬屋の中で、少年の手にかからない馬は一頭もないまでになりました。少年は、皇帝に気にいられ、皇帝は、だれにむかっても、この少年の仕事ぶりをほめました。

ところが、このことは、ほかの馬丁たちのねたみを買いました。そこで、みんなは、どうして、この少年が、あのようにうまく仕事をやってのけたのか、そのひみつをさぐりだそうとして、少年のすることをものかげからこっそり見ていました。ある日、少年が馬の腹の下になにかを投げいれているのが見えました。馬丁たちは、とびだしていって、ひったくるようにその品ものをひろいあげました。それは、あの金の輪と、金のてい鉄と、金の髪の毛でした。

馬丁たちは、すぐに皇帝のところへいき、あの少年は、魔法使いだといいつけました。

皇帝は、これを信じ、すぐさま少年をよびつけて、こういいわたしました。

「三日以内に、おまえの金の輪と、そっくり同じ輪を足にはめたアヒルをもってこい。さもなければ、おまえを殺す。」

少年は、だまっておじぎをして、ひきさがりましたが、どうしたらよいのかわかりませんでした。少年の顔からわらいがきえたのを見て、馬はどうしたのかとたずねました。

少年は、皇帝の命令をうちあけました。

「心配することはありません。」と、馬はいいました。

「皇帝のところにいって、鏡を三枚もらっていらっしゃい。わたしが、金の輪をはめたアヒルのいる場所につれていってあげます。」

少年は、いわれたとおりにして、馬と宮殿を出ました。

馬は、少年をのせて、美しいみどりの谷へやってきました。谷には、小川が流れていました。馬はとまって、いいました。

「あそこの橋げたのところへいって、鏡に水がうつるように立てかけていらっしゃい。そして、やぶにかくれて、アヒルがくるのをまちなさい。アヒルたちが、鏡にうつった自分のすがたに見とれているあいだに、とびだしていってそのうちの一羽をつかまえるのです。」

少年は、いわれたとおりにしました。やぶに身をかくしていると、まもなく水音がきこえ、美しいアヒルの群れがおよいできました。あそびまわるアヒルたちが、鏡にうつった自分のすがたに見とれているうちに、少年はとびだしていって、そのうちの一羽をつかまえました。

それは、ほればれするほど美しく、大きなおすのアヒルで、左足に、小さな金の輪をはめていました。

馬が、すぐさまかけてきました。少年は、馬にのり、宮殿に帰りました。

このみごとなアヒルを見ると、皇帝は大よろこびしましたが、まだ少年を信用しませんでした。

そこで今度は、「金のてい鉄をはめた種馬を一頭つれてこい。三日以内につれてこなければ、おまえを殺す。」と、いいました。

少年が、この命令をうちあけると、忠実な馬はいいました。

「これは、ちょっとむずかしくなりそうです。わたしに、灰をつめた大きな上着をつくってください。それから、はづなと、さきが三つにわかれたむちを一本用意してください。」

少年は、麻布で馬の形の大きなふくろをぬい、それに灰をつめて上着をつくると、くらにむすびつけて出発しました。

野原をかけぬけ、つぎの日の明け方、川につくと、馬はいいました。

「灰をつめた上着をわたしに着せてください。むこう岸に、金のてい鉄をはめた馬の一団が見えるでしょう？　わたしは、これから、あの中の頭《かしら》の馬と戦います。あなたは、やぶにかくれて見ていてください。そして、戦いのすきをねらって、頭の首に、はづなをかけ、すばやくとびのって、宮殿にむかって走るのです。」

少年は、馬をだきしめると、やぶにかくれました。すると、馬はひと声大きくいなないて、川へとびこみ、中ほどまでおよいでいってからひきかえしました。

むこう岸の馬たちは、草を食べるのをやめて、ふりむきましたが、一頭も動きませんでした。少年の馬は、もう一度、そして、もう一度、川にのりいれました。

少年の馬が三度めに水からあがったとき、頭の種馬が水にとびこみ、川をわたって、少年の馬が、しずかにまちうけている岸へあがってきました。

戦いがはじまりました。二頭は、たがいにはげしくかみあいました。少年の馬がかんだところからは、血が流れましたが、あいての馬がかんだところからは、灰がとびちっただけでした。戦いは、永遠につづくかと思われました。少年の馬の上着からは、灰がすっかり出てしまい、頭のからだは、血だらけになりました。と、そのとき、二頭は、まるで地面に根がはえたかのように、ぴたっと動きをとめました。

少年は、すかさず、その場にとびだすと、頭の首にはづなをかけ、すばやくとびのり、むちをならして、宮殿へとむかいました。

むこう岸のめす馬たちは、これを見ると、われさきに川をわたり、頭の馬を追ってかけだしました。

さて、皇帝は、宮殿の中にいましたが、雷のようなとどろきがきこえたので、なにごとかと外をうかがいました。すると、大通りを馬の一団が、土けむりをあげてかけてくるのが見えました。まばゆい日の光の中でなにかがキラキラ光るのを見て、皇帝は、これが、金のてい鉄をはめた馬だとわかりました。そこで、大声で命じて、門を広くあけさせると、少年が一団の馬をひきつれてとびこんできました。

皇帝は、これにはおおよろこびしましたが、少年が三つめの仕事もうまくやりとげるかどうか、試してみたくなりました。

そこで、今度は、「金の髪の少女をつれてこい。それができぬとあらば殺してしまう。」とおどしました。

少年は、もう一度馬に相談しました。

「これは、いままでのうちで、いちばんむずかしい仕事になりそうです。でも、やりとげなければなりますまい。皇帝の倉から、真珠とルビーをもらって、きれいな服を着ていらっしゃい。」

少年はしたくができると、馬にまたがり、旅にでました。ふたりは、長いあいだ、だれにも会いませんでしたが、やがてある森につきました。どんどんおくへ歩いていくと、家が一軒ありました。馬はとまっていいました。

「この家には、魔女がいて、金の髪のおとめをとじこめています。あなたは魔女のばあさんのところにいって、やとってもらってください。すきをみて金の髪のおとめをたすけだしましょう。わたしは森で待っています。」

少年は、魔女のところへいき、やとってくれるようにたのみました。

ばあさんは、しげしげと少年を見ると、いいました。

「七年の間ここで働くとやくそくすればやとってやろう。だが、わしがかぎを三つかけてあるへやをけっして見てはいけない。もしこのいいつけにそむいたら、おそろしい目にあわせるぞ。」と、いいました。

少年は承知し、すぐその日から働きはじめました。

こうして長い時が流れましたが、思いどおりにことをはこぶ見こみはいっこうにたちませんでした。

若者は、ときどき魔女にかくれて、馬に会いにいきましたが、ある日、とうとうこういいました。

「あのばあさんにやとわれてから、もう三年もたつというのに、まだ金の髪のおとめを一度も見ていない。今度ばかりは、皇帝ののぞみをかなえることはできないよ。」

「くよくよするのはおよしなさい。」と、馬はいいました。「わたしに、あなたのもってきたルビーを三つください。」

若者は、かばんのかくしからルビーを三つとり出すと馬にわたしました。

つぎの朝、若者の馬は、魔女の家のまどのところにやってきました。ばあさんが見ていると、馬は下をむいて、ひづめで地面をほっています。

とつぜん、ばあさんはおもてへとびだしました。馬がほっていたところに、ルビーがひとつ光っているのが見えたのです。

ばあさんがルビーをひろおうとしたとたん、馬は、おどろいたようににげだしました。ばあさんは、息をきらして追いかけました。馬のひづめからふたつめのルビーがころがりおちたとき、ばあさんは、あわててひろおうとして、つまずいてころびました。馬は、その場にくぎづけになったように立ちどまり、ばあさんが起きあがると、また走りだしました。ばあさんは、よろめきながら馬のあとを追い、まもなく三つめのルビーを見つけましたが、馬のすがたはもうどこにも見えませんでした。

ばあさんは家へ帰ると、若者にいいました。

「わしがかぎを三つかけてあるへやをけっして見てはいけないといったのをおぼえているな。きょうからは、わしのベッドの下にあるすやきのつぼにさわってもいけない。もし、このいいつけにそむいたら、おそろしい目にあわせるぞ。」

つぼにルビーをかくしながら、ばあさんは、もう一度あの馬がきたら、このつぼをいっぱいにすることができるぞ、と思いました。

つぎの日、若者は、こっそり馬に会いにいきました。すると、馬は、いいました。

「七日たったら、わたしは、もういっぺん、魔女のやつをうんと遠くまでおびきだしてやります。そのまに、あなたは禁じられたへやの戸をやぶり、おとめをつれて、魔女のあとを追ってきてください。」

七日めに、馬がすがたをあらわすと、魔女は、あわててあとを追いました。

若者は、魔女が家からかけだしていくのを見ると、いそいで禁じられたへやの戸をやぶりました。いっしゅん、若者は、おとめの金の髪のまばゆさに、目がくらみました。

若者を見ると、おとめはせきをきったようにいいました。

「ああ、どうかたすけてください。もう四年もここにとじこめられているのです。」

若者は、おとめをつれて、魔女のあとを追いました。魔女は、馬のひづめからおちる宝石をひろうのに夢中で、一度もうしろをふりかえりませんでした。馬は、川をわたりました。

馬のひづめばかり見ていた魔女は、足をすべらせ、川におち、おぼれて死んでしまいました。

若者は、おとめをだいて、馬にのり、宮殿へとむかいました。

皇帝は、金の髪のおとめをひと目見ると、この日のうちにも、おとめを妃にむかえようと決めました。けれども、おとめが、りりしい若者になった自分の馬丁をじっと見ているのに気づくと、皇帝は、大声で命じました。

「金のてい鉄をはめためす馬の乳をしぼれ。それを大がまにいれてにえたたせろ。」

それから、皇帝は、若者にむきなおっていいました。

「おまえは、そのにえたぎる乳の中へとびこむのだ。」

若者がことのしだいをうちあけると、馬はいいました。

「皇帝のところへいって、お気にいりの馬に死をみとってもらいたいといってください。やつらが、わたしをその場へつれていったら、わたしは、できるだけ大なべの近くに立ちます。そして、なべにむかってくしゃみをして、にえたぎる乳を、まん中からふきとばしますから、あなたは、そのしゅんかんになべにとびこんで、さっととびだすのです。」

皇帝は、若者のねがいをききいれました。火のまわりには、おおぜいの群衆が集まっていました。けれども、若者の馬は、だれよりも大なべの近くに立ちました。

若者がつれてこられました。すると馬は、なべにむかって、もうれつないきおいでくしゃみをしました。そのしゅんかん、若者は、さっとなべにとびこむと、とびだしました。

人々は、心から拍手をおくりました。そして、この若者にむごいしうちをした皇帝こそ、にえたぎる乳の中へとびこむがいい、とさけびました。

のがれるすべはありませんでした。皇帝は、お気にいりの馬を自分の死にたちあわせました。

けれども、この馬は、ただのあわれな生きものでしたから、皇帝が乳の中にとびこんだときも、さっき食べたカラス麦を、もぐもぐとかんでいるだけでした。そこで、皇帝はにえたぎる乳におちて死んでしまいました。

人びとは、おおよろこびで、この若者を新しい皇帝にしました。

新しい皇帝は、金の髪のおとめと結婚し、四人のむすことふたりのむすめをもうけ、末長くしあわせに世を治めたということです。

白鳥

白鳥　原文

『白鳥』　ハンス・クリスチャン・アンデルセン作　松岡享子訳
福音館書店　一九六七年

　ずっと、ずっと遠く、冬になるとツバメが飛んでいく国に、ひとりの王さまが住んでいました。王さまには、十一人のむすこと、エリザというひとりのむすめがありました。十一人の兄弟――つまり王子たち――は、胸に星の形をした勲章をつけ、腰に剣をさげて学校に通いました。字を書くときには、金の石板と、ダイヤモンドの石筆を使いました。本を読むのもじょうずなら、学科をそらでおぼえるのもそれにおとらずじょうずで、この子たちが王子だということは、だれにでもすぐわかりました。妹のエリザは、小さなガラスの腰かけにすわって、国の半分もするくらい値打ちのある絵本を、ひざの上にひろげていました。そうです。この子たちは、何一つ不足のないくらしをしていました。けれども、そういうくらしが、いつまでも続くというわけにはいきませんでした。

　子どもたちの父、つまりこの国全体をおさめていた王さまが、意地悪なおきさきと結婚したのです。かわいそうに、このおきさきは、子どもたちに、少しもやさしくありませんでした。それは、もう最初の日から、わかりました。その日は、城じゅうが結婚式の祝いの宴でにぎわっていましたので、子どもたちは、自分たちだけで、お客さんごっこをして遊んでいました。こういうとき、いつもならお菓子だの焼きリンゴだのがたくさんもらえるのに、おきさきがくれたのは、お茶わん一ぱいの砂だけでした。そして、おきさきは、それを何かおいしいものだと思ってりゃいいだろうといいました。

　一週間たつと、おきさきは、幼いむすめのエリザを、遠いいなかにやって、ある百姓家にあずけました。それから王さまにむかって、王子たちのことをさんざん悪くいいましたので、とうとう王さまは、王子のことなど気にもかけなくなってしまいました。

「どこへなりと飛んでいって、自分で自分のめんどうをみるがいい。」と、意地悪なおきさきはいいました。「口のきけない、大きな鳥になって、飛んでいけ！」

けれども、おきさきが望んだほどひどいことにはなりませんでした。王子たちは、十一羽の美しい白鳥になったのです。十一羽の白鳥は、ふしぎな叫び声をあげて、城の窓から飛び出すと、庭をこえ、森をこえて、どこか遠くへ飛びさりました。

　白鳥たちが、妹のエリザのいる百姓家のところを通りかかったのは、まだ夜も明けぬうちでした。鳥たちは、エリザが眠っているへやの屋根の上を飛びまわって、長いくびをねじまげたり、つばさをバタバタいわせたりしました。でも、だれもそれを見もしなければ、聞きもしませんでした。しかたなく、白鳥たちはふたたび飛び立ちました。高く雲の中へ、遠く広い世界にむかって——。そして、ようやく、大きな暗い森へ、やって来ました。森は、海岸のすぐそばまで、広がっていました。

　かわいそうに、百姓家にほうっておかれたエリザは、一枚のみどりの葉をおもちゃにして遊びました。ほかに何も遊ぶものがなかったのです。エリザは、葉っぱに穴をあけて、そこからお日さまをながめました。そうすると、そこに、おにいさんたちの、明るいひとみが、見えるような気がしました。そして、お日さまのあたたかい光が、ほおにふれるたびに、おにいさんたちがしてくれたキスが、一つ残らず思い出されました。

　一日一日が、同じように過ぎていきました。風は、家の前の大きなバラのしげみを吹きぬけながら、バラの花にむかって、「あなたよりきれいな人がいるかしら？」と、ささやきました。すると、花はうなずいて、「いますとも。エリザがそうですわ。」と、答えるのでした。また、日曜日に、お百姓の年とったおかみさんが、戸口に腰をおろして、賛美歌の本をよんでいると、風はページをひらひらとくりながら、本にむかってたずねました。「あなたより信心深い人がいるかしら？」「いますとも。エリザがそうです。」と、賛美歌の本は答えました。バラや賛美歌の本がいったこと——それは、まったくほんとうでした。

　エリザは、十五になったとき、お城に呼びもどされることになりました。おきさきはエリザを見て、あまりきれいなので腹が立ち、にくしみでいっぱいになりました。すぐにもエリザを、兄たち同様、白鳥に変えてやりたい気がしましたが、王さまがむすめに会いたがっていましたので、そうはできませんでした。

　あくる朝早く、おきさきは湯殿へいきました。湯殿は大理石でできていて、やわらかなクッションと、それはそれは美しい敷物でかざられていました。おきさきは、ヒキガエルを三匹つかまえると、一匹一匹にキスしてはこういいました。はじめの一匹には、「エリザがお湯にはいったら、あの子の頭の上におすわり。あの子がおまえのようにのろくさくなるように。」二匹目には、「おまえはあの子の額の上におすわり。あの子がおまえのようにみにくくなって、父おやにもそれとわからなくなるように。」「それからおまえ、」と、三匹目にむかってささやきました。「おまえはあの子の心ぞうにぴったりくっついて、あの子の心に、よこしまな思いを吹きこむのだよ。それがあの子を苦しめるからね。」そういって、おきさきは、三匹をすんだお湯の中にはなちました。すると、お湯は、たちまち、みどりがかった色に変わりました。

　それから、おきさきは、エリザを呼んで、着物をぬがせ、お湯にはいらせました。エリザが、ざぶっとお湯にはいると、一匹のヒキガエルが、エリザのかみの毛の上に、ピョンと飛びのりました。つづいてもう一匹が額の上に。そして、三匹目が胸の上に。けれども、エリザは何にも気がつかないようでした。やがて、エリザが立ちあがると、あとにケシの花が三つ、お湯の上に浮かんでいました。もしもあの三匹が毒もなく、魔女にキスされてもいなかったら、赤いバラの花になっていたでしょう。でも、とにかく花にはなったのです。ただ、エリザの頭や胸にのったというだけでですよ。エリザがあまり純真で善良なので、魔法をかけようにもかからなかったのです。

　これを見た意地悪なおきさきは、エリザのからだにクルミのしるをすりこんで黒くしました。きれいな顔には胸が悪くなるようなくさいなんこうをぬりたくり、美しいかみの毛はくしゃくしゃにもつれさせてしまいました。だれが見ても、これがあのきれいなエリザだとは、とてもわからなかったでしょう。こんなわけですから、おとうさまはエリザを見てびっくりし、これは自分のむすめではないといいました。おとうさまばかりではありません。ほかのだれにも、これがエリザだとはわかりませんでした。わかったのは、見張りの犬と、ツバメだけでしたが、どちらもとるに足りない生きもので、その言い分に耳をかすものなど、ひとりもいませんでした。

かわいそうに！　エリザは泣きました。たよりに思う十一人のおにいさんたちも、今はどこにいるのか、ゆくえが知れません。泣く泣くお城をぬけだしたエリザは、畑を横切り、沼をこえて、一日じゅう歩き続け、やがて、大きな森へやって来ました。

　森へやって来たものの、どこへ行くというあてもありません。ただもう悲しくて、たまらなくおにいさんたちに会いたいと思いました。おにいさんたちも、きっと自分と同じように、どこかをさまよっているのでしょう。エリザは、どうあってもおにいさんたちをさがし出そうと決心しました。

エリザが森にはいってしばらくすると、日が暮れました。さまよい歩いているうちに、道のあるところからはずっと遠くへ来てしまっていました。そこで、やわらかなこけの上に横になり、夕べの祈りをささげてから、木の株に頭をもたせてやすみました。空気はさわやかで気持よく、あたりはまったく静かでした。まわりには、草の中といわずこけの上といわず、ホタルがそれはそれはたくさんいて、みどりの火のように光りました。エリザが、かたわらの枝にそっと手をふれると、このキラキラ光る虫は、流れ星が降るように、エリザのまわりに落ちてきました。

エリザは、一晩じゅう、おにいさんの夢を見ました。夢の中で、みんなは、もう一度子どもにかえって、いっしょに遊びました。金の石板の上に、ダイヤモンドの石筆で字を書いたり、国の半分ほどもする、美しい絵本をながめたり……。けれども、もう石板の上に、ただのマルやバツばかり書きはしませんでした。いいえ、こんどは、自分たちがなしとげた勇ましい行いや、自分たちが経験したこと、見たことを全部書きしるしたのです。それに、絵本の中では、何もかもが生きていました。小鳥はうたい、人びとは本から抜け出て来て、エリザやおにいさんたちに話しかけました。けれども、エリザがページをめくると、みんなはさっともとの場所にもどりました。絵がごちゃごちゃになるといけませんものね。

エリザが目をさましたとき、お日さまは、もう高くのぼっていました。といっても、ほんとにお日さまが見えたわけではありません。背の高い木が、頭の上で、枝をいくえにも重ねて張り出していたので、お日さまは見えなかったのです。ただ、金色の木もれ日だけが、ひらひらする紗《しゃ》のようにゆれうごいていました。あたりには、みどりの葉のみずみずしいかおりがたちこめ、小鳥たちはエリザのそばへやって来て、今にも肩に止まりそうにしました。どこかで、水のはねる音が聞こえました。近くに大きな泉がいくつかあって、そこからわき出た水が、一つの池に流れこんでいたのです。池の底は、きれいな砂地でした。池のまわりは、こんもりしげったやぶになっていましたが、一か所だけ、シカが通る、広い抜け道があいていました。エリザは、そこを通って、水の方へおりていきました。水はまったくすみきっていました。もし、木の枝や、水ぎわのしげみが、風でゆれなかったら、エリザは、枝もしげみも池の底にかかれたものだと思ったかもしれません。それほどはっきりと、一枚一枚の葉が、水にうつっていたのです――お日さまの光がもれている葉も、すっかりかげになっている葉も。

自分の顔が水にうつるのを見た瞬間、エリザはぞっとしました。まっ黒で、見るのもおそろしかったからです。けれども、手に水をつけて、目や額をこすると、もとどおり、かがやくように白いはだが見えてきました。そのあと、エリザは着物をぬいで、清らかな水の中へはいっていきました。この世の中のどこをさがしても、エリザほど愛らしい王女は、ほかにいなかったでしょう。

着物を着なおして、長いかみをあむと、エリザは、音をたててわいている泉のところへ行って、両手で水をすくって飲みました。それから、べつにどこへ行くというあてもないまま、いちだんと森の奥深くはいっていきました。エリザはおにいさんたちのことを思いました。また、神さまのことも考えました。神さまはよい方だから、わたしのことをお忘れにはなるまいと、エリザは思いました。ひもじい思いをしている者が食べるようにと、山リンゴの木に実をみのらせてくださったのも神さまなら、今、ちょうどそのような木の一本を、エリザに示してくださったのも神さまでした。その木には、枝もたわわに実がなっていました。ここで、エリザは食事をしました。そして、実の重みで今にも折れそうになっている枝につっかい棒をしてから、森でもいちばん暗いところへと、進んでいきました。

あたりはまったく静かで、自分の足音ばかりか、ふみしだかれた枯葉が足もとでたてるかすかな音さえ、一つ残らず聞こえました。高い木が、幹と幹とをくっつけあうようにして、おいしげっていたので、前の方を見ると、まるですき間のない、大きな木のさくに、とじこめられているような気がしました。ほんとうに、ここには、いいしれぬさびしさがありました。これほどのさびしさを、エリザは、今まで一度も味わったことがありませんでした。

夜がふけて、あたりはまっ暗になりました。こけの上では、小さなホタル一匹光りません。悲しみに心をふさがれたまま、エリザは横になって眠りました。すると、頭の上の枝が左右にわかれて、そこから神さまが、やさしい目で自分を見おろしていらっしゃるような気がしました。そして、神さまの頭の上や腕の下から、小さな天使がこちらをのぞいているように思いました。

朝、目がさめたとき、それが夢だったのか、ほんとにあったことなのか、エリザにはわかりませんでした。

ほんの少し歩いたところで、エリザは、ひとりのおばあさんに出会いました。おばあさんは、木イチゴのはいったかごを持っていて、エリザにも少しわけてくれました。エリザは、おばあさんに、十一人の王子が、馬に乗って、森を通るのを見なかったかとたずねました。

「いいや、」と、おばあさんはいいました。「けど、きのう、十一羽の白鳥が、頭に金のかんむりをのせて、この近くの川で泳いでいるのを見たよ。」そして、おばあさんは、エリザを、そこからあまり遠くない、小高い土手のところまでつれていってくれました。土手の下を、小川がうねって流れていました。土手にはえている木は、葉のよく茂った長い枝を、両岸からおたがいにのばしあって、水の上にアーチをつくっていました。枝が短くて、そのままでは向こうの枝にとどかない木は、根を土手から引き抜いて水の中に出しながら、それでも枝だけはからみあわせて、岸の両側から水にもたれるようにして立っていました。

エリザは、おばあさんにさようならをいって、流れにそって歩いていき、やがて、川が海に流れこんでいるところに出ました。そこは、広びろとした海岸になっていました。美しい海が、この若いむすめの目の前に、はてしなく広がっていました。けれど、見わたしたところ、海には帆一つ、ボート一そう、浮かんではいません。いったい、どうやって、ここから先へ行けるでしょう？　エリザは、海岸にころがっている、無数の小石に目をやりました。どれもこれも、波にもまれて、まるくなっています。ガラス、鉄、石——岸に打ちあげられているものはみんな、水の力で、形が変わっていました。水は、エリザのきゃしゃな手より、まだずっとやわらかだというのに——。「海の水は、よせては返し、よせては返しして、決してあきるということがないのね。だから、かたいものでも、すべすべにすることができるんだわ。わたしも海と同じように、しんぼう強くなりましょう。よせては返す、きれいな波よ、いいことを教えてくれてありがとう。わたしにはわかるの——おまえたちが、いつか、わたしを、なつかしいおにいさんのところへ、つれてってくれるってことが。」

打ちあげられた海草の上に、十一枚の、白い白鳥の羽根が落ちていました。エリザは、それを集めて、たばにしました。羽根には、水のしずくがついていましたが、それが、つゆなのか涙なのか——それは、だれにもわかりませんでした。浜べには、人かげ一つ見えません。でも、エリザは、少しもさびしいとは思いませんでした。たえまなく移り変わる海の様子に、心をうばわれていたからです。まったく、海は、二、三時間のうちに、湖が一年かかって見せるほどの変化を、見せてくれました。

空に大きな黒雲があらわれると、海は、まるで「おれだって黒くなれるぞ。」と、おどしているようでした。そうなると、風もさわぎ、波も白目をむきます。けれども、雲がうすくれないにかがやき、風もなぐと、海は一枚のバラの花びらのようにに見えました。あるときはみどりに、あるときは白くなる海。けれども、どんなにおだやかになぎわたっていても、岸べでは、ゆるやかな動きが、やすみなく続けられていました。上がったり、下がったり——眠っている子どもの胸のように、水は、静かに波打っていました。

太陽が今にも沈もうというとき、頭に金のかんむりをいただいた十一羽の白鳥が、陸の方へ飛んで来るのが、エリザの目にはいりました。白鳥は、長い白いリボンのように、たてにつらなって、空を舞っていました。エリザは、坂になっている砂浜をはいのぼって、やぶのかげに身をかくしました。そのまに、白鳥たちは、エリザのすぐ近くにやってきて、大きな白いつばさを、バタバタいわせました。

まもなく、太陽が、水平線の下に沈みました。と、たちまち、白鳥のからだから羽根が抜け落ちて、目の前に、十一人の美しい王子——エリザのおにいさんたちが立っているではありませんか！　エリザは、思わず大声をあげました。おにいさんたちは、ずいぶん変わっていましたが、エリザには、それがおにいさんだということがちゃんとわかりました。まちがいありません！　エリザは、おにいさんの腕の中に飛びこんで、ひとりひとりの名を呼びました。おにいさんたちも、これがエリザとわかって大喜び。それにしても、あのちいちゃな妹が、こんなに背が高く、こんなに美しくなったとは！　みんなは、泣いたり、笑ったりしました。おたがいの身の上をくわしく話すまでもなく、あのまま母のとった仕打ちが、どんなにひどいものだったかがわかりました。

「にいさんたちはね、」と、いちばん上のおにいさんが話しました。「お日さまが空にいる間は、白鳥の姿になって飛ぶけれど、お日さまが沈むと、人間にもどる。だから、お日さまが沈むときは、ちゃんと陸地に足をつけているように、気をつけていなければならないんだよ。だって、わかるだろう？　もし、そのとき、雲の上を飛んだりしていようものなら、人間の姿にもどったとたん、ついらくして死んでしまうからね。

ぼくたちは、ここには住んでいない。海の向こうに、こことまったく同じくらい美しい国があるんだ。ずっと遠くだけどね。この広い広い海を、わたっていくんだ。途中には、ぼくたちが一夜を過ごせるような島は一つもない。大海原のまん中に、ぽつんと一つ、小さな岩が、顔を出しているだけだ。ぼくたちが並んで立つのがやっとの、ちっぽけな岩だ。海が荒れると、しぶきが頭の上まではねあがる。だけど、そんな小さな岩でも、あるってことだけで、ぼくたちは神さまに感謝しているよ。それがあるおかげで、人間の姿になっても、夜が過ごせるんだものね。あれがなけりゃ、とてもこのなつかしいふるさとにもどっては来られない。だって、ここまで飛んで来るには、一年じゅうでいちばん昼のながい日で、二日かかるんだもの。だからぼくたちが、こうやって生まれ故郷にやって来られるのは、一年にたった一回。それも、十一日間いられるだけだ。その間に、この大きな森の上を飛んで、ぼくたちが生まれた、そして今もおとうさまが住んでいらっしゃるお城をながめたり、おかあさまが眠っていらっしゃる教会の、高い塔を見たりするのさ。ここに来ると、草や木まで、何か親しいもののような感じがするし、高原を野生の馬がかけていくところなんぞも、ぼくたちの子どものころそのままだ。炭焼きがうたっている歌にしたって、子どものころ、ぼくたちがよく踊った、なつかしい歌だ。ここは、ぼくたちの祖先の国。ぼくたちをひきつけてやまない場所だ。そして、ここで、おまえにめぐりあえたってわけだ、ねえ、エリザ。ぼくたちは、あと二日、ここにいられる。けれど、そのあとは、また海をこえて、ある国へ飛んでいかなければならない。その国は、ぼくたちのものじゃないけど、でも、すばらしい国だよ。といっても、いったい、どうしたら、おまえをそこへつれていけるだろう？　船もなければボートもなし……。」

「おにいさんの魔法をといてあげられさえしたらねえ！」と、エリザは心からいいました。それから、みんなは、ほとんど一晩じゅう、話しに話して、ほんの二、三時間眠っただけでした。エリザは、頭の上で白鳥がはばたく音を聞いて、目をさましました。ふたたび姿の変わったおにいさんたちが、空に大きな輪をえがいて飛んでいました。そのうちに、白鳥の姿はどこかに見えなくなってしまいましたが、一羽だけはあとに残りました。いちばん年下のおにいさんです。白鳥は、エリザの胸に頭をもたせ、エリザは、その白いつばさを、やさしくなでました。そうやって、ふたりは、一日じゅういっしょにいました。夕方近く、ほかの白鳥たちが帰って来ました。そして、日が沈むと同時に、人間の姿になりました。

「あす、ぼくたちは、ここを飛び立つ。そうすれば、まる一年はもどって来られまい。だけど、こんなふうにして、おまえをここに残していくことは、とてもできない。ぼくたちといっしょに来る勇気があるかい？　ぼくの腕は、おまえをだいて、森をはしからはしまで運ぶくらいの力はある。とすれば、みんなが力を出しあえば、ぼくらのつばさは、おまえをつれて、海の向こうまで飛んでいけるだけの力はあるにちがいない。」

「ええ、つれていってちょうだい。」と、エリザはいいました。

みんなは、一晩じゅうかかって、しなやかなヤナギの木の皮と、じょうぶなイグサで、うんと強いあみをあみました。エリザは、その上に横になりました。日がのぼり、兄弟が白鳥の姿に変わるが早いか、みんなは、くちばしであみをしっかりくわえて、雲の中高く舞いあがりました。だいじな妹は、あみの中で、まだ眠っていました。その顔に、お日さまの光がまともにさしたので、白鳥の一羽が、エリザの頭の上を飛んで、大きなつばさをひろげて、かげをつくってやりました。

エリザが目をさましたのは、陸からもうだいぶはなれたころでした。エリザは、何だかまだ夢を見ているような気がしました。海の上を空高く運ばれるのは、それはふしぎな気がするものでした。エリザのかたわらには、よくうれた、おいしい実がいっぱいついた木の枝と、いい味のする木の根が一たばおいてありました。いちばん年下のおにいさんが、集めておいてくれたのです。エリザは、ありがとうというように、そのおにいさんにむかって、ほほえみました。自分の頭の真上を飛んで、つばさでかげをつくってくれているのが、そのおにいさんだとわかったからです。

高い高い空の上から下を見ると、船が、まるで波に浮かぶカモメのように見えました。うしろの方には大きな雲――ものすごく大きな、山のような雲――があって、そこに、エリザと十一羽の白鳥のかげが、とほうもなく大きくうつっていました。エリザは、こんなすばらしい光景を、これまでに、一度も見たことがありませんでした。けれども、太陽がさらに高くのぼり、雲がずっとうしろにとり残されると、絵のようなかげも消えました。まる一日、白鳥たちは、矢のようにヒューヒュー音をたてて、空を飛びました。でも、今は、妹を運ばなければならないので、前ほど、速くは飛べません。あらしがまき起こり、夜が近づいていました。エリザは、おそろしさに身がすくみました。お日さまは沈みかけているのに、あの、海の中に、ぽつんと立っているという岩のかげが、どこにも見えなかったからです。エリザは、白鳥たちのはばたきが、いっそうはげしくなったように思いました。ああ、どうしよう！　白鳥たちがこれ以上速く飛べないのは、わたしのせいだ。お日さまが沈んでしまったら、みんな、人間の姿になって、海に落ちておぼれ死んでしまう――。エリザは、心の底から、神さまにお祈りしました。それでも、岩は、かげさえ見せません。黒い雲があらわれ、はげしい突風がまき起こりました。あらしの前ぶれです。雲はひとつにかたまって、はげしくうず巻きながら、大きな鉛のかたまりが押し寄せるように、エリザたちめがけて、せまって来ました。いなずまが、あとからあとから光りました。

今や太陽は、水平線にとどくところまで沈んでいました。エリザの心はふるえました。そのとき、急に、白鳥たちが、下にむかって、まっしぐらに降りはじめました。あまり急だったので、エリザは、自分が落ちたのかと思いました。が、次の瞬間、白鳥たちは、またすいすいすべるように飛んでいました。太陽は、半分水平線の下にかくれていました。このときはじめて、下の方に小さな岩のあるのが、エリザの目にはいりました。岩は、アザラシが、波の上に頭を突き出したほどの大きさしかありませんでした。太陽は刻々と沈み、今はもう、星のように小さくなりました。と、そのとき、エリザの足が、かたい地面にふれました。太陽は、紙きれがもえつきるときのような、最後のきらめきを残して水平線の下にかくれました。おにいさんたちは、エリザを中にして、そのまわりに手をつないで立ちました。岩の広さは、おにいさんとエリザがやっといられるきりで、少しのゆとりもありません。波は岩に当たって砕け、しぶきは雨と降って、みんなをずぶぬれにしました。空には、ほのおのような光が、たえまなくきらめき、次々とかみなりがとどろきました。兄弟は、おたがいに手をしっかりにぎりあって、賛美歌をうたいました。そうすると、心が安らぎ、勇気がわきました。

あけがたになると、空気はすみ、風もしずまりました。太陽がのぼるとすぐ、白鳥たちは、エリザをつれて、この小さな島を飛び立ちました。海はまだかなり荒れていて、高い空からながめると、こいみどり色の海に、白いあわのたっているのが、まるで何百万もの白鳥が、水の上を泳いでいるように見えました。

太陽がいちだんと高くなったとき、前方に、半分宙に浮くようにして、山々がつらなっているのが、エリザの目にはいりました。岩だらけの斜面には、たくさんの氷がキラキラかがやいていました。その山なみのまん中に、何マイルも続くかと思われる宮殿がありました。力強い柱廊が、何段も何段も重なってそびえています。下の方には、風にゆれるヤシの木の林があり、大きさが水車ほどもある、みごとな花が咲いていました。エリザは、あそこがわたしたちの行く国なのときききました。けれども、白鳥たちは、かぶりをふりました。というのは、エリザが見たのは、あらわれては消え、消えてはあらわれる妖精モルガナの雲の宮殿で、生きているものの行くところではなかったからです。エリザは、ずっと向こうにある、美しいその宮殿を、じっと見つめました。すると、山も林も宮殿も、すべてかき消すようになくなり、そのかわり、りっぱな教会が二十もあらわれました。教会は、どれもこれもそっくり同じで、高い塔と、とがった窓がついていました。エリザは、ふとオルガンの音《ね》を聞いたように思いましたが、聞こえるのは波の音ばかりでした。このとき、エリザは、教会のすぐ近くまで来ていました。すると、急に、教会は大艦隊に変わって、エリザの下を航海しているのです。エリザは、下を見ました。——と、それは、海の上をかすめて通る霧でしかありませんでした。エリザの目の前には、次々とちがった光景が、めまぐるしくあらわれては消えました。が、とうとう、目ざす、ほんとうの国が見えてきました。美しい、青々とした山々がそびえ、スギの林や町や城が見えます。お日さまが沈むには、まだ間があるうちに、エリザは、山の中腹にある、大きなほら穴の前に降り立ちました。ほら穴のまわりには、しなやかなみどりのつるくさがおい茂り、まるでししゅうしたカーテンをつるしたようでした。いちばん年下のおにいさんは、エリザを眠る場所に案内しながら、

「さあ、今夜はここで、どんな夢を見るかな。」と、いいました。

「夢で、どうしたらおにいさまたちみんなの魔法がとけるか、それがわかればいいのだけど!」と、エリザはいいました。

エリザの心は、そのことでいっぱいで、ほかのことなど全然考えられなかったのです。神さま、どうかお力をかしてくださいと、エリザは、一心に祈りました。夢の中でも、祈り続けました。すると、エリザは、空高く舞いあがって、モルガナの雲の宮殿に行ったような気がしました。妖精が出て来て、喜んでエリザを迎えてくれました。妖精は、それは美しくて、目もくらむほどでしたが、それでいて、森の中で出会ったお

ばあさんに、とてもよく似ていました。エリザに木イチゴをくれ、頭に金のかんむりをのせた白鳥のことを話してくれた、あのおばあさんです。

「にいさんたちの魔法をとくことはできる。」と、妖精はいいました。「でも、おまえに、それだけの勇気と忍耐があるかい？　海は、おまえのしなやかなゆびより、まだやわらかい。それなのに、かたい石の形を変えてしまう。それは、ほんとうだよ。でもね、おまえのゆびは痛みを感じるけれど、海は痛みを感じない。海には心がないからねぇ。だから、おまえのように、おそれたり、苦しんだり、なやんだりすることもないのだよ。わたしが手にもっている、このイラクサが見えるかい？　おまえが寝ているほら穴のまわりに、これと同じものがたくさんはえている。これと、教会の墓地にはえているのとだけが役に立つ。よくおぼえておおき。集めるのは、この二つの場所のイラクサなんだよ。つかむと手がひりひりして、水ぶくれができるだろうが、こいつを集めなきゃならない。それを足でふみつぶすと、亜麻糸がとれる。その糸で、よろいの下に着る、長いそでのついたはだ着を十一枚あみなさい。そのはだ着を十一羽の白鳥の上に投げかけたら、魔法はとける。だがね、おまえの心に、しっかととめておかなければならないことが一つある。仕事をはじめたら、その瞬間から終わるまで、たとえ何年かかっても、決して口をきいてはいけない。ひとことでもつぶやこうものなら、そのひとことが、おそろしい短刀のように、にいさんたちの心ぞうに突きささるんだよ。にいさんたちのいのちは、おまえの舌ひとつにかかっている。何をするにしても、これだけは忘れるんじゃないよ。」

こういいながら、妖精は、もっていたイラクサで、エリザの手にふれました。焼けつくような痛みを感じて、エリザは、目をさましました。あたりは、もうすっかり明るくなっていました。自分が眠っていた場所のすぐ近くに、夢で見たのと同じイラクサが、はえていました。エリザはひざまずいて、神さまにお礼をいいました。そして、さっそく仕事にとりかかろうと、ほら穴の外へ出ていきました。エリザは、きゃしゃな手で、おそろしいイラクサをつかみました。もえている火をつかんだような感じがして、手にも腕にも、大きな水ぶくれができました。でも、大好きなおにいさんの魔法をとくことさえできれば、これくらいのことは何でもありません。エリザは、はだしで、イラクサを一本一本ふみつぶしては、それをよって、みどりの亜麻糸をつくりました。

日が落ちて、おにいさんたちが帰って来ました。おにいさんたちは、エリザがひとことも口をきかないのを見て、おどろきあやしみました。またあの意地悪なまま母が、新しい魔法をかけたのかと思ったのです。でも、エリザの手を見て、エリザがしていることは、自分たちのためだとさとりました。いちばん年下のおにいさんは、わっと泣き出しました。その涙がエリザの手や足に落ちると、そこは痛みも止まり、ひりひりする水ぶくれも消えました。

エリザは、一晩じゅう働きました。愛するおにいさんを救うまでは、やすんでなんかいられません。あくる日も、白鳥たちがいない間、エリザは、ずっとひとりですわっていました。それでも、時のたつのがこんなに早いと思ったことはありませんでした。はだ着は、はや一枚できあがり、二枚目にとりかかっていました。

すると、突然、山々に狩りの角笛が鳴りわたりました。エリザは、ドキッとしました。音は、しだいに近くなり、犬のほえるのも聞こえてきました。エリザは、おそろしくなって、ほら穴にかけこみ、すいて糸にしてあったイラクサをたばにしてしばり、その上にすわりました。

ちょうどそのとき、りょう犬が一匹、しげみの中から、とび出してきました。そのあとからまた一匹、続いてもう一匹。犬は大声でほえながら、あちこちかけまわりました。そうこうするうちに、狩りの一隊が、ほら穴の入口にやってきました。その中で、ひときわ美しい人が、この国の王さまでした。王さまは、エリザの方に、歩み寄りました。これほど美しいむすめを、王さまは、まだ見たことがありませんでした。「どうしてこんなところにいるのかね、おまえ?」と、王さまはたずねました。エリザは、首をふりました。口をきくわけにはいきません。おにいさんたちが救われるかどうか――いや、おにいさんたちが生きるか死ぬかにかかわることだからです。エリザは、自分が苦しんでいるところを、王さまがごらんにならないよう、手をエプロンの下にかくしました。

「わたしといっしょに来るがいい。」と、王さまはいいました。「ここは、おまえのいるところではない。もしおまえが、姿が美しいように心も善良なら、わたしは、おまえに絹やビロードの着物を着せ、頭には金のかんむりをのせ、すばらしくごうかな宮殿に住まわせよう。」そういって、王さまは、エリザを、自分の馬の背にのせました。エリザは、手をもんで泣きました。けれども、王さまは、「わたしはおまえをしあわせにしたい。ただそれだけのことだ。おまえだって、いつかわたしに感謝するようになるよ。」と、いいました。

そして、エリザを自分の前にすわらせたまま、馬をすすめて、山の中を通っていきました。狩りの一隊は、そのあとを追って、馬を走らせました。

日が沈むころ、一行の前に、教会や丸屋根のある、すばらしい町が見えてきました。王さまは、エリザを宮殿につれていきました。宮殿の大広間にはいると、中に、大きな噴水がありました。広間の天井は見上げるように高く、柱も床も大理石でできていました。かべや天井には、目のさめるように美しい絵がかかれています。しかし、それもこれも、エリザの目にはうつりませんでした。エリザの目は、悲しみと涙でいっぱいだったのです。おつきの女がやって来て、エリザに、女王が着るような衣装を着せました。かみの毛には真珠をあみこみ、水ぶくれのできた手には、品よく手袋をはめました。エリザは、ただ、女たちのなすがままになっていました。

エリザが、このすばらしいよそおいに身をつつんで、みんなの前に立つと、その美しさはまばゆいばかりでした。宮中の人びとは、思わずエリザの前に、深ぶかと頭をさげました。ただ、大僧正は頭をふって、つぶやきました――森から来たというこのきれいなむすめは、魔女にちがいない。魔女のやつめが、みんなの目をくらませ、王に道をふみあやまらせおった――。

けれども、王さまは、そんなことばに耳をかそうともしませんでした。王さまの命令で、エリザのために、音楽がかなでられ、めずらしい料理が運ばれ、美しいむすめたちが踊ってみせました。エリザは、また、甘くにおう庭園を通って、ごうかなへやべやに案内されました。それでも、エリザの目もとにも口もとにも、ほほえみ一つ浮かびません。悲しみ――ただそれだけが、親からゆずり受けた財産だとでもいうようでした。さて、王さまは、こんどは、エリザを、すぐ近くにある小さなへやへ案内しました。エリザは、そこで眠ることになっていました。へやのかべは、高価なみどりのかべかけでおおわれていて、エリザがいた、山のほら穴に、たいへんよく似ていました。床の上には、エリザがイラクサをよってつくった糸のたばがおいてあり、天井からは、仕上がったはだ着が一枚、さがっていました。これはみんな、かりゅうどのひとりが、めずらしい品だというので、もってきたものでした。

「ここなら、おまえも、住みなれた自分の家にいるようなここちがするだろう。」と、王さまはいいました。「ここには、おまえが、いっしょうけんめいしていた仕事がある。すばらしいものずくめの今の身で、あのころのことを思い出すのも、またおもしろかろう。」

これを見ると、はじめてエリザの口もとにほほえみが浮かび、ほおに血の気がさしてきました。これさえあれば、おにいさんたちを救うことができる――と、思ったからです。ほんとうに、エリザにとっては、大事な大事な品じなでした。エリザは、王さまの手にキスしました。王さまは、エリザを、胸にきつくだきしめました。そして、教会の鐘を鳴らして、結婚式を知らせるように命じました。森からやってきた、この愛らしいおしむすめが、この国の女王になることになったのです。

大僧正は、王さまの耳に、よくないことばをささやきました。でも、それは、王さまの心にはとどきませんでした。というのは、今まさに結婚式がとり行なわれようとしていたからです。大僧正みずから、エリザの頭に、かんむりをのせなければなりませんでした。大僧正は、腹立ちまぎれに、ただでさえきゅうくつなかんむりの輪を、エリザの額にぎゅうっとはめました。エリザを痛い目にあわせようとしたのです。けれども、もっと重い輪――にいさんたちを思う悲しみ――に、心をしめつけられているエリザは、からだの痛みなど少しも感じませんでした。エリザは口をつぐんだままでした。ただのひとことでも口にするのは、おにいさんたちが死ぬことだからです。けれども、エリザのひとみには、自分をしあわせにするためなら、どんなことでもしてくれる、この気高く美しい王さまに対する、深い愛情がやどっていました。王さまを思うエリザの心は、日一日と深くなりました。ああ、王さまに、何もかもうちあけられたら……この苦しみを聞いてもらうことさえできたら！　いいえ、だめです。だまっていなければ――。仕事が終わるまでは、決して口をきいてはならないのです。エリザは、夜になると、そっと王さまのそばから抜け出して、ほら穴に似せてつくられた自分のへやにはいりました。そして、一枚、また一枚と、せっせとはだ着をあみました。ところが、七枚目にとりかかったとき、糸がなくなってしまいました。

エリザは、教会の墓地に行けば、入り用なイラクサがはえていることは知っていました。でも、自分でとりにいかなければなりません。どうして行ったらよいでしょう？

「ああ、わたしの心の、この苦しみにくらべたら、ゆびの痛みなんて何でしょう！」と、エリザは思いました。「どうしても行かなければ――。神さまは、わたしを、お見捨てにはならないわ。」

エリザは、何か悪いことでもするときのように、心をおののかせながら、月の光に明るく照らされた庭園にしのび出ました。それから、庭園の中の長い並木道を通って、人気のない大通りに出、とうとう墓地へやって来ました。中を見ると、大きな墓石の上に、ラミアと呼ばれる、おそろしい姿の魔女が、寄り集まってすわっていました。魔女たちは、まるで水あびでもするように、着ていたぼろをぬぎ捨てると、長いやせこけたゆびを、新しくできたお墓の中へつっこんで、死体を引きずり出しては、その肉を食べていました。エリザは、思いきってそのそばを通りました。魔女たちは、おそろしい目をすえて、エリザを見ました。けれども、エリザはお祈りをとなえると、チクチクするイラクサを集め、それをもって宮殿に帰りました。

たったひとり、この様子を見ていた人がありました。大僧正です。大僧正は、ひとが眠っているときに、まだ起きていたのです。ああ、やっぱり、わしがあやしいとにらんだのは当たっていた。どれもこれも、女王にあるまじき行いだ。あれは魔女だ。王や家来みんなをだましこんだのも、魔女なればこそだと、大僧正は思いました。

王さまがざんげに来たとき、大僧正は、自分が見たこと、心配していることを、王さまに話しました。大僧正の口から、ひどいことばがもれるたびに、木彫りの聖者像が、「それはほんとうではない。エリザに罪はない。」というように、首をふりました。けれども、大僧正は、それをまるっきり反対の意味にとって、聖者たちもエリザが悪いといっている、エリザがあまりに罪深いので、あのように首をふっているのだと言いました。大粒の涙が二つ、王さまのほおをつたって落ちました。疑いとおそれに苦しみながら、王さまは宮殿に帰りました。夜、王さまは眠ったふりをしましたが、心やすらかに眠ることなどとてもできません。というのは、エリザが、毎晩、きまったように、ベッドを抜け出すのに気づいたからです。そのたびに、王さまは、こっそりあとをつけていき、エリザが、あの小さな自分のへやに姿を消すのを、見とどけました。日一日と、王さまの顔は暗くなりました。エリザはそれに気がつきましたが、なぜそうなのかは、わかりませんでした。王さまのことを思うと、エリザの心は痛みました。その上、おにいさんのことを思って、どんなに心が重かったことか！

悲しみの涙が、女王のむらさき色のビロードの着物の上にこぼれ落ちて、ダイヤモンドのようにキラキラ光りました。だれでも、この豪華な、すばらしい衣装を見ると、自分も女王になりたいものだと思うのでした。

こうしているうちに、エリザの仕事も終わりに近づき、はだ着もあと一枚あめばよいことになりました。でも、その今になって、糸がなくなったのです。イラクサも一本も残っていません。そこで、もう一度――これが、最後です――墓地に出かけて、イラクサをいくつかみか、とってこなければならなくなりました。さびしい道中や、あのおそろしいラミアのことを考えると、身のすくむ思いがしました。けれども、エリザの決心は、神さまを信じる心と同じに、かたく変わらないものでした。

エリザは出かけました。王さまと大僧正が、そのあとをつけました。ふたりは、エリザが、鉄の門をぬけて、墓地へはいっていくのを見ました。あとを追って門のところまで来ると、前にエリザが見たように、ラミアが墓石の上にすわっているのが見えました。王さまは顔をそむけました。その中にエリザがいたと、思ったのです――今夜も、ついさっきまで、自分の胸に頭をもたせてやすんでいたあのエリザが！

「あれの裁判は、国民にまかせよう。」と、王さまはいいました。すると、人びとは、エリザを、火あぶりの刑にせよといいました。エリザは、すばらしくきれいな宮殿の広間から、暗い、じめじめした牢屋につれていかれました。鉄格子のはまった窓から、風がヒューヒュー音をたてて吹きこんでいました。ビロードや絹はとりあげられ、かわりに、エリザが集めたイラクサのたばが与えられました。それをまくらにすればよかろう、それに、エリザがあんだ、ごわごわでチクチクするはだ着を、毛布がわりにかければいいだろうというのです。でも、何がもらえるとしても、今のエリザにとって、これほどありがたいものは考えられませんでした。エリザは神さまにお祈りをして、また仕事にとりかかりました。牢屋の外の道路では、男の子たちが、エリザをあざける歌をうたいました。やさしいことばをかけて、なぐさめてくれる人など、ただのひとりもありませんでした。

ところが、夕方近くなって、鉄格子のところで、白鳥のつばさがパタパタいう音が聞こえました。それは、あのいちばん年下のおにいさんでした。やっと、妹の居場所をさがしあてたのです。エリザは、うれしさのあまり、声をあげてすすりなきました。エリザは、おそらく今夜が、生きている最後の夜になるだろうとは覚悟していました。それでも、とにかく、仕事は九分通りできあがっているし、おにいさんたちもそばにいるのです。

大僧正は、最後の時間をいっしょにいてやろうと、エリザのところへやって来ました。王さまに、そうすると約束してあったのです。けれども、エリザはかぶりをふって、帰ってくださいというしぐさをしました。今夜のうちに、仕事を仕上げてしまわなければならないのです。でなければ、これまでの苦しみも涙も、眠らずに過ごした幾夜も、何もかもがむだになってしまいます。大僧正は、ひどいことばでエリザをののしりながら、出ていきました。かわいそうなエリザ！でも、エリザは、自分の心にけがれのないことを知っていましたから、だまって仕事を続けました。

小さなネズミが、床の上を走りまわって、少しでもエリザをたすけようと、イラクサを足もとへ引きずってきてくれました。ツグミは、窓の格子にとまって、エリザの気をひきたたせようと、夜通し、精いっぱい楽しい歌をうたってくれました。

あけがた、日がのぼるにはまだ一時間もあるころ、十一人の兄弟が、宮殿の門のところに立って、王さまにお目通りを願っていました。でも、そんなことはとてもできない、だいいち、まだ夜も明けておらず、王さまはおやすみになっている、おさわがせするなどとんでもないという返事でした。兄弟は泣きついたり、おどしたりしました。さわぎを聞きつけて、番兵が出て来ました。そして、ついには、王さま御自身があらわれて、何ごとかとおききになりました。けれども、その瞬間、太陽がのぼり、兄弟の姿は、どこにも見えなくなりました。ただ、宮殿の上はるかに、十一羽の白鳥が飛んでいくのが見えました。

さて、人びとは、だれもかれも、魔女の火あぶりを見ようと、町の門からあふれ出ました。見るもあわれな、老いぼれ馬が、エリザをのせた荷車をひいています。エリザは、そまつな粗布《あらぬの》の着物を着せられていました。長い美しいかみが、形のよい頭のまわりに、ばらばらとたれています。ほおは死んだように青ざめ、くちびるはかすかに動いていました。その間も、ゆびはせっせと、みどりの糸をあみ続けていました。死にむかう道すがらも、いったんはじめた仕事をやめようとはしなかったのです。エリザの足もとには、十枚のはだ着がおいてありました。今あんでいるのが十一枚目でした。

群集がエリザをあざけりました。「おい、見ろよ、あの魔女め、何か口の中で、ぶつぶつ言ってるぞ。あいつ、賛美歌の本も持っちゃいない。それどころか、まだ何かいやらしい魔法の道具をいじくってるぜ。そいつをとりあげて、バラバラにしちまえ。」人びとは、エリザの上にのしかからんばかりに、どっと押し寄せて来て、エリザのつくったものをひきちぎろうとしました。けれども、十一羽の白鳥が空から舞いおりて、荷車のまわりにとまってエリザをとりかこみ、大きなつばさをバタバタさせたので、群集はおそれをなして、あとへひきました。

「天のしるしだ！　あの女に罪はないにちがいない！」と、多くの人はささやきました。でも、声に出してそう言うほど勇気のある人はいませんでした。

　このとき、死刑執行人が、エリザの手をつかみました。と、エリザは、すばやく、十一枚のはだ着を、白鳥の上に投げかけました――すると、どうでしょう。みんなの目の前に、美しい王子が十一人立っているではありませんか！　ただ、いちばん年下の王子は、片腕が白鳥のつばさのままでした。時間が足りなくて、その王子のはだ着にはそでが片方しかついていなかったからです。

「これで、やっと、ものがいえる……」と、エリザはいいました。「わたしに罪はありません。」このありさまを見て、人びとは聖者にむかってするように、エリザに頭をさげました。けれどもそのエリザは、これまでおそれと苦しみにはりつめていた気持が一時にとけて、おにいさんたちの腕の中へ、気を失って倒れました。

「そうです。この子に罪はありません。」と、いちばん年上のおにいさんがいいました。そして、これまでのできごとを、残らず語りました。おにいさんが話をしている間に、何百万ものバラの花が咲いたような、かぐわしいかおりが、あたりにただよいました。火あぶりに使うはずだったまきの一本一本から、根がはえ、枝がのびて、真紅のバラが咲き、甘くかおる、高い生垣ができていたのです。そして、そのてっぺんに、たった一輪、純白のバラが、星のようにかがやいていました。王さまが、それを手折って、エリザの胸の上におきました。すると、エリザは、しあわせとやすらかさに心満たされて、目ざめました。

　教会の鐘という鐘が、ひとりでに鳴りだしました。鳥が大きな群れをなして飛んできました。婚礼の行列が、宮殿をさして帰っていきます――どんな王さまも、これほどの行列は見たことがなかったでしょう。

白鳥　縮め方の基本方針

●縮め方の基本方針について各自発表してください。

◆ひとつのエピソードを丸ごと削ることはできないと思いますので、少しずつ削っていって、三分の二ぐらいにしたい。後半は話が連続しているので、削るのはむつかしそうです。

◆美しいことばやいいまわしをできるだけ残したいと思います。エリザの上を白鳥が飛んで影をつくる場面、王と出会う場面、墓場の場面が好きなので、ぜひ残したいのですが、ただ好きなところを残すというやり方でよいものかどうか。

◆アンデルセンらしいというところ、つまり風景描写などを大事にしたいと思います。語るためには二分の一にしたいのですが、できますかどうか。三分の二といったところでしょうか。

◆場面ごとにいくつかに分けて、その中で情景描写の細かすぎるところを削っていくつもりです。エリザの信仰心にふれているところは抜かせないと思います。

◆私もそう思います。宗教的色彩が濃い話だと思いますから。

◆子どものとき好きだった話です。こういうものは縮めることはできないと思っていたので、今回テキストに取りあげられたのに驚きました。でも、アンデルセンらしさを損なわずに語れたらどんなにいいかと思います。さしあたっては、森の中、雲の描写が、耳で聞くと多すぎるので、そぎ落としたいと思っています。

◆耳で聞いていると、まどろっこしく感じるところがあります。筋について早く先へいきたいと思うのに、きらきらした描写に引き止められるような気がして。

◆三〇分にするのが目標です。話を「起承転結」に分けようとしたのですが、むつかしい。兄と会うところから転、王さまと会うところからを結とすると、起、承に比べてとても長く、バランスがとれないのです。結の中にも、起、承……があり、ひとつの話になってしまっている。

●王さまに出会うところは結でしょうか。転ではないかしら。

◆いずれにしても、一回で短くするのは無理です。何段階にも分けて縮めていくしかないと思います。

●このままでは語ると一時間以上かかると思います。一息で語れるのが三〇分として、そうなると二分の一ということになります。無謀だと思われるかもしれませんが、ここはひとつ実験としてやってみましょう。たしかに一回で半分にするのはむつかしいかもしれないので、全体のバランスを見ながら段階的に縮めていくのがよいと思います。

短くするとアンデルセンがアンデルセンでなくなるのではと、みなさん心配しているようですが、私はそうはならないと思います。

アンデルセンは、今はほとんど読まれていないのではないでしょうか。名前は知っているという人は多いかもしれませんが、それもひどいダイジェスト版を通してだったりするんですね。よい話がたくさんあるのに残念です。語って聞かせることで、読むことへの橋わたしができたら、意味のあることだと思います。

アンデルセンは、彼自身すばらしい語り手だったということですし、文体も、その語り口が生きているものだといいます。従来の日本語の訳文では、その感じはちょっとつかみにくいのです。やはり文章語というか、目で読むにはいいのですが、語ろうとすると、口にのりにくい場合が多いですね。この点でも、私たちの力の及ぶ限り、語るためのテキスト作りをめざしたいと思います。

神さまに言及している箇所が多いので、そういう部分の扱いをどうするかが問題になっていますが、たしかに、お祈りをして休むとか、神さまに感謝するとかという箇所は多いです。でも、これはアンデルセンの生きていた時代や社会背景を考えると、ふつうのことだったからで、この作品が特別宗教的というか、キリスト教の信仰に重きをおいた話だとは、私は思いません。土台になっているのは昔話で、鳥への変身や、口をきかずに何年もすごすというようなモチーフは、ほかにも例があります。宗教的といってもキリスト教的というより、もっと古い、素朴な、普遍的な信仰心が下地になっていると思います。大僧正も悪者にされているし……。兄さんたちを助けたいと願う、エリザの一途な気持ちが、悪意に勝つ話ととらえていいのではないでしょうか。無垢な心や献身的な愛が、嫉妬や、猜疑心や曲解といった悪意を無力にしてしまうのであって、エリザのキリスト教的信仰が兄さんたちを救ったというふうには書かれていないでしょ？　宗教的ということを、狭い意味ではなく、ヒューマニスティックなものとして考えたらどうかと思います。

◆宗教的ということについてですが、この話の場合、小娘であるエリザが立ち向かう相手の悪意が強大なので、信念をもち続け、困難に耐え抜くためには、神への信仰がなければならなかった、というところで信仰心をとらえると納得できるのではないでしょうか。教会にいくとか、祈るとかいう種類の宗教ではなくて、信念を支える拠り所としての宗教。

●たとえ語り手が宗教的な意味合いをこめて語ったとしても、聞き手がそれをどう受け止めるか、という問題もあります。キリスト教圏の子どもたちが聞くのと、そうでない子が聞くのとでは、受け止め方が違ってくると思います。

たとえば、同じアンデルセンの有名な「マッチ売りの少女」。これも非常に宗教色の濃い話といえます。この話の最後のところで、少女は、亡くなったおばあさんの腕に抱かれて、「光と喜び」に包まれて、寒さも、ひもじさも、こわいこともないところ――神さまのみもとに召されます。しかし、日本人が一般的に抱いているこの話のイメージは、路上でこごえ死んだあわれな少女のイメージで、「光と喜び」にあふれた天国のイメージではないと思います。日本人は、そのようにあわれなところにひかれるので、日本では、この話は、本来のアンデルセンより、ずっとセンチメンタルなものになっているのではないかと思います。

自分は「こういう話だ」とイメージして語ったのに、聞き手の受け止め方が違って、話が別のものになってしまった、という経験はありませんか。

◆ファージョンの『町かどのジム』(松岡享子訳　学習研究社　二〇〇一年)の中の「大海へビ」を語ったとき、自分はおかしい話と思っていたのに、聞き手がおとなだったせいか、しーんとして聞かれて、「とても悲しいお話でよかった」といわれて、ガクッとしたことがあります。

●ほら話なのに、まじめに聞いてしまった……。日本人はまじめで、ユーモアのセンスに欠けるからでしょう。だから、ここで、私たちがああだこうだと議論してテキストをつくっても、聞き手が違うように受け取るということもあると心得ておきましょう。

もうひとつ、これは、「子どもと馬」と共通することですが、作業をすすめるときは、必ず声に出してみることが必要ですね。できれば、だれかに読んでもらって、耳で聞いてたしかめるとよいでしょう。語るためのテキストであるからには、耳にどう聞こえるか、聞いただけではわからないところがないかどうか、ということが大事だからです。口にのりやすいということも大事です。それには、くり返し声に出して読んでみるしかないでしょう。目で読んでいたときには、わからなかったことが、声に出すことによって、すっとわかることもあります。

語る（声に出す）ことによって、また語られた物語をたくさん聞くことによって、語りの文体ともいうべきものが身についていくと思います。一種の勘のようなものですが。それがテキストをととのえる作業に力を発揮するのです。

その一、エリザが兄さんを救おうと海に出るところまで

原文 八六頁〜九一頁下十五行

●エリザが海に出るまでを描いたこの第一段階は、お配りした文では一六九行でした。それをみなさんは七六行から一〇四行にまで削られていて、だいたい半分になっています。

みなさんが削るかどうかの考え方が分かれるところは、

・最初の王子たちの暮らしぶりの描写——星の形をした勲章、剣、石板等々

・おきさきの仕打ち

・百姓家でのエリザの描写

などですね。細かい描写を思い切って削って、非常に簡潔に物語をスタートさせた例はAさんので、こうなっています。

ずっと、ずっと遠く、冬になるとツバメが飛んでいく国に、ひとりの王さまが住んでいました。王さまには、十一人のむすこと、エリザというひとりのむすめがありました。この子たちは、何ひとつ不足のない暮らしをしていました。けれども、そういう暮らしが、いつまでも続くというわけにはいきませんでした。

子どもたちの父、つまりこの国の王さまが、意地悪なおきさきと結婚したのです。かわいそうに、このおきさきは、子どもたちに、少しもやさしくありませんでした。

一週間たつと、おきさきは、幼いむすめのエリザを、遠いいなかにやって………

ほかにも、ほぼこれに近い例もありました。話のはじまりとしてはストレートでなかなかよいですね。ただ、考えなければならないのは、このように短くしてしまうと、感覚に訴える描写がなくなってしまうということです。

縮める方法のひとつは具体的な描写を削って、抽象的な表現で統括してしまうことです。たとえば

おきさきがくれたのは、お茶わん一ぱいの砂だけでした。
そして、おきさきは、それを何かおいしいものだと思ってりゃいいだろうといいました。

というのは具体的で

このおきさきは、子どもたちに、少しもやさしくありませんでした。

というのは、抽象的表現です。

「茶わん一ぱいの砂」は目に見えるし、口の中に砂がはいったらどんな感じか、ということもよくわかります。ここは聞き手の感覚的な反応を引き出してくれる部分です。こういう描写は聞き手がもっている感覚の記憶を刺激し、イメージを喚起して、聞き手を話の中に引きこんでいきます。削ったほうがいいか、残すべきか、よく考えてからきめたほうがいいと思います。

同じことは、クルミのしるをすりこむ、なんこうをぬりたくる、かみの毛をくしゃくしゃにもつれさせる、といったところについてもいえます。これらは、視覚的なイメージにとどまらず、匂い、ねちゃねちゃした感触など、感覚にも訴えます。こういう描写は大切にしたいと思います。

◆金の石板、ダイヤモンドの石筆はどうですか。

◆私は、砂は削りましたが、石板と石筆は残しました。子どものとき、ここがとても印象的だったし、美しく高貴なイメージが浮かぶので。

●ひとりひとり削るところが違ってよいと思います。自分にとって印象的だったところ、好きなところは残さないと、語るとき、気持ちをこめて語れなくなりますから。

◆信心深いことはエリザの特徴なので、賛美歌のところは残しました。最初の、エリザが一枚の葉っぱで遊ぶところは、エリザのお兄さんたちを思う気持ちが出ていると思ったので残しました。ヒキガエルのところは、おきさきの意地悪さがわかりますし。

●それぞれの考え方だと思います。昔話は、全般的にいえば、枝葉（細かい描写）がなく、幹（筋）だけのようでいて、ところどころ細かく描写している箇所もあります。それがあることで、話のリアリティが増し、奥行きが出るのです。この物語は昔話ではありませんが、土台には昔話があり、表現上の手法も昔話の特徴を上手に生かしています。

アンデルセンの文体は、語り口調で、即興的な感じがあるといわれています。たとえば、ヒキガエルがケシの花になったところの、「エリザの胸や頭の上にのったというだけでですよ」というようないい方に、即興的な語り口調が感じとれます。これは、語るときには、軽く「ちょっとつけ加えた」という調子で語られるところだと思いますが、文章で読むと、余分な感じがしますね。

◆エリザがクルミのしるをすりこまれたとき、「わかったのは、見張りの犬とツバメだけでしたが、どちらもとるに足りない生きもので、その言い分に耳をかすものなど、ひとりもいませんでした」とあるところは、みなさんはどうしましたか。

●残しているのは、ひとりだけです。また森の中の描写も、多くの人が削っています。原文のまわりには、草の中といわず、こけの上といわず、ホタルがそれはそれはたくさんいて、みどりの火のように光りました。エリザが、かたわらの枝にそっと手をふれると、このキラキラ光る虫は、流れ星が降るように、エリザのまわりに落ちてきました。

といったあたり、視覚的にとてもきれいで、削るには惜しいのですが……。

◆エリザが一晩中お兄さんたちの夢を見るところはどうでしょうか。

●さきに金の石板とダイヤモンドの石筆を残した人は、ここも残したほうがよいでしょう。前後の関係を考えてきめることとです。森の中へはいってからの描写は、語り手それぞれのイメージにしたがって削るしかありませんが、事実として、

・兄さんたちの行方がしれないこと
・エリザにいくあてのないこと
・でも、どうあっても兄さんをさがしだそうと決心していること

の三点は、はっきり述べておかなければなりません。話をすすめる上で、欠かせないことですから。「子どもと馬」と「白鳥」は、物語の語り方が違っています。つまり、「子どもと馬」は出来事中心に動いていきますが、「白鳥」のほうは、出来事に、状況、情景、気持ちがかなりはいっています。たとえ短くしても、この語り口は残ります。最初、少しでも削ったらアンデルセンではなくなるのでは、と心配した人がいましたが、この語り口がある限り、短くしたテキストも、十分アンデルセンであり続けると私は思います。

◆エリザが浜辺で、まるくなった小石を見て、波に話しかけるところは、みなさんどうしていますか。

●生かしている人が多いですね。たとえば、

エリザは、おばあさんにさようならをいって、流れにそって歩いていき、やがて、川が海に流れこんでいるところに出ました。エリザの前に、海がはてしなく広がっていました。

いったい、どうやって、ここから先へいけるのでしょう？ エリザは、海岸にころがっている、たくさんの小石に目をやりました。どれもこれも、波にもまれて、まるくなっています。「海の水はよせては返し、よせては返しして、決してあきるということがないのね。だからかたいものでも、すべすべにすることができるんだわ。わたしも海と同じように、しんぼう強くなりましょう。」

とか、

エリザは、海岸にころがっている、無数の小石に目をやりました。どれもこれも、波にもまれて、まるくなっています。ガラス、鉄、石、――岸にうちあげられているものはみんな、水の力で、形が変わっていました。水は、エリザのきゃしゃな手より、まだずっとやわらかだというのに――。

などです。でも、

「よせては返す、きれいな波よ、いいことを教えてくれてありがとう。わたしにはわかるの――おまえたちが、いつか、わたしを、なつかしいおにいさんたちのところへ、つれていってくれることが。」

というセリフは、よほどうまくいわないと、浮くおそれがあります。下手にセンチメンタルにいわれると、聞いてるほうが気恥ずかしくなるのではないでしょうか。ここは、エリザが心の中で考えたことにしたほうが、語りやすいかもしれません。

その二、エリザが二枚目のはだ着にとりかかるところまで

原文 九一頁下十六行～九八頁上十四行

● もとの文一四七行のところ、いちばん短いのが七〇行、長いのが一一五行になっています。いちばん短い例の人は、エリザの顔にお日さまの光がまともにさしたので、いちばん年下のお兄さんが大きな翼を広げて影をつくったというくだりを削っていますが、これをどう思われますか。

◆その部分は残したいです。

●エリザへの心遣いが出ていて、とてもいい場面ですね。私の好みでいうと、残したいと思います。現実的にも、影がなければ、まぶしくてとてもたまらないと思いますし。

◆兄弟の気持ちがあらわれていてとてもよい場面だと思います。

●空を飛んでいる感じがとても出ますし、ただ飛んでいくだけでなく、兄弟で役割分担している様子もわかります。

◆私もここを残したいと思うのですが、兄さんが影をつくるのと、雲にエリザたちの姿がうつるのとは、順序が逆だと思うんです。実際に夜明けに散歩していて気がついたのですが、雲に影ができるのは日がのぼってすぐで、エリザに影をつくってやらなければならないのは、もっと日が高くなってからと思うのですけれど。

◆太陽が刻々と沈むところ、嵐のシーンなど、あまり削れなかったのでその分長くなってしまいました。

●Bさんは白鳥がエリザを連れて飛ぶ場面をとても上手に、よく見えるように縮めています。

まる一日、白鳥たちは、矢のようにヒューヒュー音をたてて、空を飛びました。でも、今は、妹を運ばなければならないので、前ほど、速くは飛べません。あらしがまき起こり、夜が近づいていました。エリザは、おそろしさに身がすくみました。お日さまは沈みかけているのに、あの、海の中に、ぽつんと立っているという岩のかげが、どこにも見えなかったからです。黒い雲があらわれ、はげしい突風がまき起こりました。いなずまが、あとからあとから光りました。

今や太陽は、水平線にとどくところまで沈んでいました。エリザの心はふるえました。そのとき、急に、白鳥たちが、下にむかって、まっしぐらに降りはじめました。太陽は、半分水平線の下にかくれていました。このときはじめて、下の方に小さな岩のあるのが、エリザの目にはいりました。岩は、アザラシが、波の上に頭を突き出したほどの大きさしかありませんでした。太陽は刻々と沈み、今はもう、星のように小さくなりました。と、そのとき、エリザの足が、かたい地面にふれました。太陽は、紙きれがもえつきるときのような、最後のきらめきを残して水平線の下にかくれました。おにいさんたちは、エリザを中にして、そのまわりに手をつないで立ちました。岩の広さは、おにいさんとエリザがやっといられるきりで、少しのゆとりもありません。波のしぶきは、みんなをずぶぬれにしました。いなずまが、たえまなくきらめき、かみなりがとどろきました。兄弟は、おたがいに手をしっかりにぎりあって、歌をうたいました。そうすると、心が安らぎ、勇気がわきました。

◆その後、飛び立ち、目にする、妖精モルガナの雲の宮殿の場面は、入れてもいいのでは？

●たしかに文で読めば、色もきれいで残したいと思うのもわかりますが、ストーリーの続きぐあいからいって、ここは削ったほうがいいと思います。モルガナの宮殿といっても、日本の子どもにはピンときませんし。

それより空中を飛んでいるような気分にさせるところをもっと生かすほうがよいと思います。また、「白鳥が長い白いリボンのように、たてにつらなって」飛ぶとか、太陽が「紙きれがもえつきるような、最後のきらめきを残して」沈むとかいった描写は、残したい気がします。

途中の岩にたどりつくまでをかなり短くしている方もいますが、ここはひとつの山場といっていいところなので、そんなに急がず、ズームアップして状況を刻々と語って見せたいと思います。

◆妖精のことばがおばあさんくさい気がするのですが。

◆森の中で会ったおばあさんによく似ていた、とあるからいいのではないでしょうか。

●私は、このふたりは同一人物と考えていいと思います。助け手としての役割を果たす存在という意味で。妖精が登場して、兄さんたちを救う手だてを示してくれるとき、聞き手の中でも、その人と、前に兄さんたちのことを教えてくれたおばあさんのイメージが重なります。これは、伏線というわけではないですけれど、アンデルセンが巧みに用いる〝係り結び〟の一種のように思えます。長い話でも、このように、前にあったことと後で起こることとが、見えない糸でつながっているから、話がうまくまとまっていくのだと思います。

◆「こいつ」ということばが男のことばのように思えますが。

◆イラクサのことなので、別に違和感はありません。

◆その前に、故郷に十一日しかいられないとありますが、この数字は何か意味があるのでしょうか。一年でいちばん昼の長い日というのは夏至ということでしょ？　十一日もいたら、日が短くなるので心配です。

◆夏至をはさんで五日ずつ、ということじゃないでしょうか。

◆十一人のお兄さんが十一日というのはおもしろいと思いました。

◆夏至をはさんでの二週間というのは北欧ではいちばんいい季節だからかもしれません。

●それにしても、これだけ削っても、やはりアンデルセンはアンデルセン。アンデルセンでなくなったということにはなりません。だから、敬して遠ざけ、だれにも読まれないよりは、短くしてもっと語って、子どもに聞いてもらったほうがいいと思います。

その三、王さまに出会うところから最後まで

原文　九八頁上十五行～一〇四頁

●三回目ともなると、みなさんだいぶなれて、うまく削っていて、あまり問題はありません。原文一六五行が、八四～一二五行になっています。

狩りの角笛が聞こえるところから、王さまがエリザを馬にのせて連れていくまでは、ほとんどの人が同じ箇所を削っています。たとえば、王さまのせりふのうち、「わたしはおまえをしあわせにしたい。ただそれだけのことだ」を生かし、それに続く「おまえだって、いつかわたしに感謝する

ようになるよ」は削っています。このように、みなさんの意見が自ずと一致するようになってきました。

意見が分かれたのは、「エリザは、自分が苦しんでいるところを、王さまがごらんにならないよう、手をエプロンの下にかくしました」というところです。私は、ここは生かしたいと思うのですね。王さまのせりふ、「わたしは、おまえに絹やビロードの着物を着せ、頭には金のかんむりをのせ、すばらしくごうかな宮殿に住まわせよう」も、残した人と削った人がいますが、あとで侍女たちがエリザに美しい衣装を着せる場面が出てきますから、そちらを生かし、ここは削ってもいいのではないでしょうか。

そのあとの宮殿の描写は削ってもそう短くはなりません。「噴水」「丸屋根」「大理石」などの単語が並ぶだけで、イメージが浮かんでくるでしょ？

侍女たちがエリザを美しく装うところで、「……水ぶくれのできた手には、品よく手袋をはめました」とありますが、ここはスポットライトを当てたように、エリザの苦労と悲しみと、宮殿に連れてこられた現在の状況を、端的に示しているところなので、ぜひ生かしたいですね。

ことばのことでいえば「魔女のやつめが、みんなの目をくらませ、王に道をふみあやまらせおった」は、いいにくくてまずいですね。我が訳文のよくないのを恥じています。ここは、「魔女にちがいない」で止めておいてもよいと思います。

「悲しみ――ただそれだけが、親からゆずり受けた財産だ」というところはたいていの人が削っていました。この文章は、前後の文章と異質（具体的な表現と、抽象的、比喩的な表現の違い？）なので、取ってもよいと思います。

◆わたしはここを生かしたくて「ただそれだけが、親からゆずり受けた財産だというように悲しみに沈んでいる」としたのですが、どうでしょう。

●悲しみが財産だという言い方は、ふつう、すんなりとは頭にはいってこないのではないでしょうか。耳で聞いていると、頭が単純になっているので、こういう〝文学的〟表現は、ともすれば浮きあがって、すっと流れてしまう気がします。

もうひとつ、扱いの分かれたのは、結婚式で大僧正がエリザの頭に冠を押しつけるところ。削った人と、兄さんを思う悲しみに比べれば、からだの痛みはなんでもなかったということをいいたいために残した人とあって、これはそれぞれだと思います。

エリザが王さまに愛情をもつようになり、王さまにほんとうのことを話せたらどんなにいいかと思い悩むところを削った人がいます。でも、王さまに真実を告げられない苦しみは、兄さんたちを救うためにエリザが耐え忍ばなければならなかった苦しみの中でも、いちばんつらいものだと思うのですね。愛する人がそばにいて、その人が自分のことを誤解して苦しんでいるのを見ていながらその誤解を解くことができない。その重みを考えると、ここは抜かすべきではないと思うのです。「口をきいてはいけない」が、最初は妖精のことばとして、次にはエリザの心の中のことばとしてくり返し出てきますが、耳で聞く話の場合、大切なことはくり返し語られるのが定石です。ここは大事にくり返してください。

そのあと、七枚目のはだ着にとりかかったとき糸がなくなった、というところからは、ストーリーの展開に欠かせない事実が続きますので、削るわけにはいきません。

みなさんが共通して削ったのは、木彫の聖者像のところ。これはそうしていい箇所と思います。大僧正がエリザのところにやってくるくだりも、削っている人が多いですね。大僧正は、登場したときから、エリザに悪意を抱く人物として描かれているので、この上、彼がののしりのことばを吐く云々は、いわなくてもよいでしょう。

人によって違いの出てくるのは、ネズミとツグミのくだりです。人間たち、それも身分の高い人ほど、〝非人間的〟なふるまいをするのに、動物たちがことの本質を見抜いて主人公を助けるというモチーフは、アンデルセンによく出てくるものですし、この話のはじめの「見張りの犬とツバメ」だけが、汚くされてもエリザをエリザと認めたということと〝係り結び〟になっています。削るか残すか、よく考えて各自が結論を出すべき箇所でしょう。

明け方にお兄さんたちが王さまに訴えようと宮殿にくるところは、筋の上からいうと削れないわけではありませんが、エリザとお兄さんたちの双方が、お互いを助けようと必死になっていることが伝わるシーンですので、できれば残したいところです。

エリザが刑場にひかれていくところからあとは、カメラをすえて実況放送しているようなくだりなので、ほとんど削れません。

「天のしるしだ！　あの女に罪はないにちがいない！」のところは、みなさん残していますが、それに続く「声に出してそう言うほど勇気のある人はいませんでした」は、半分ぐらいの人が削っています。これもアンデルセンらしいところで、削るかどうかはよくよく考えなければならないところです。「皇帝の新しい着物」では、このこと自体がテーマになっていますね。心に思っても「声に出してそう言うほど勇気のある」おとながいない中で、子どもがズバッと真実をいうというのは、アンデルセンにとっては大切なモチーフのひとつだったのだと思います。日本の戦争中の言論統制のことを思い出してもわかるように、これは今も私たちの問題なのです。

◆兄さんたちが人間に戻るところで、いちばん下の兄さんだけ、片腕が翼のままだったというのは入れなくてはいけないか。いやな気持ちがするのですが。

◆それぐらい危うい、ぎりぎりの状況だったということではないでしょうか。

◆昔話で、これに似た話、グリムの「六羽の白鳥」なども同じですし、「七羽のカラス」の絵本のさし絵でも、末の子の片手は羽のままです。何か意味のあることだと思うので、原文通りがよいと思います。

●それに聞き手の立場からいうと、このときは、エリザが殺されずにすむ、口がきけるという安堵でいっぱいで、十一番目のお兄さんは片腕が羽のままでかわいそうなどというところまでは気持ちはまわらないと思います。

それから、バラのところは、原文がちょっともたもたしているのですね。

おにいさんたちが話をしている間に、火あぶりに使うはずだったまきの一本一本から、根がはえ、枝がのびて、真紅のバラが咲き、かぐわしいかおりが、あたりにただよいました。

とするか、

おにいさんたちが話をしていると、あたりにかぐわしいかおりがたちこめました。みると、火あぶりに使うはずだったたまきの一本一本から、根がはえ、枝がのびて、真紅のバラが咲き、甘くかおる、高い生垣ができていたのです。

とするか、少し整理したほうがいいと思います。

◆ことばの問題で、結婚式のところに「おしむすめ」ということばが出てきますが、これは「口のきけないむすめ」としたほうがよいのではありませんか？

●そのほうがいいです。「子どもと馬」にも、若者がはじめて金髪のおとめを見て、目がくらむところで「めくら」ということばが出てきますが、ここもそのことばを使わずとも、情景を十分表現できるので、省いたほうがいいと思います。

ただ、申しあげておきたいことは、創作に手を入れるときは、その作家のほかの作品にも親しんで、独特の言い回しやくり返し用いられるモチーフなど、その作家の特徴をとらえていることが大切だということです。そして、アンデルセンらしい描写を生かしていただきたいと思います。

作業を終えて

●みなさんのテキストができあがりました。もとのテキストでは四八一行だったのですが、できあがったものをみると、短い順に、二一一、二二二、二四三、二四四、二四八、二五〇、二五三行となっています。語るスピードや、間《ま》のとり方で、同じ行数でも、語る時間は相当違ってくると思いますが、全員、目標通り――ということは、一回で語れるように――縮められたと思います。

みんなで話し合いながら作業をすすめたので、基本的な原則については共通の理解ができたと思いますが、できあがってみると、それぞれのテキストに個性が出ているのがおもしろいと思いました。ドラマチックで情熱的な感じに仕上がっている人、細かいところを残して全体的におだやかな仕上がりの人、話の骨組がしっかりしている人、エリザの信心深さが出ている人、全体にまんべんなく削って、ここぞ、というその人自身の思い入れを強くは出していない人、自分はここが好きというところを前面に出して、あとは思い切りよく削っている人、よく考えて、論理的に、話の筋道を通している人、ほんのわずかな違いの中にもこうしたニュアンスが出てくるのは、非常に興味深いですね。

自分が語るために縮めたのだから、どれがよいわるいとかいうことではありません。原作を尊重する姿勢と、語るという条件に合致する原則をくずさない限り、その人の縮め方でよいと思います。そうでないと、心をこめて語れないと思いますから。

縮めたからといって、アンデルセンがアンデルセンでなくなるわけではないことも、理解できたと思います。こういう作業をしてみたのも、アンデルセンの作品を、もっと子どもたちに届けたいというところから出たのですから、このテキストを生かして、ぜひ子どもたちに語ってみてください。

何人もの人が、「いい話ですねぇ」と、感じ入っておられましたが、美しいイメージがあり、ドラマがあり、人間の真実をついた表現があり……で、どの人の心にも訴えかける要素がある物語だと思います。

新しいおきさきがきて、エリザと兄さんたちが離ればなれになり、やがて、エリザが成長して、兄さんを助け出そうと決心します。ここまでは、エリザにとって、兄さんを助けることと自分の幸せが重なっていますが、王さまが登場してからは、少し変わってきます。王さまを愛する気持ちと、兄さんたちを救うために自らに課した仕事をやりとげねば……と思う気持ちとの間に葛藤がありますし、その上、悪意をもってそれを妨げようとする力も加わります。この物語は、これらすべてを乗り越えて幸せになる、という大きなドラマなのですね。

みなさんのテキストに個性が出ているといいましたが、これが語りになると、いっそうその個性が色濃く出るでしょう。同じテキストを使っても、語り手によって、語られた話は違ってきます。

前半のエリザと兄さんたちの兄弟愛に強くひかれている人は、海をわたる場面などに力がはいるでしょう。後半、エリザと王さまとの愛に心を添わせている人は、エリザがイラクサを集めに墓場へいくあたりから、気持ちが強く動きはじめるでしょう。大きなドラマのある話ですから、語り手として、バランスをとってエネルギーを配分するのは、むつかしいかもしれません。あるいは、逆に大きなドラマに引き入れられて、作中人物に乗り移ったように語れるかもしれません。

いずれにしろ、こういう話を若いころにおぼえて、長い時間にわたって語り続けたら、年齢とともに心の置きどころが変わって、おもしろいだろうと思います。そのようにして語りこんでいるうちに、テキストもまた微妙に変化していくのではないでしょうか。語り続け、語りこんで、自然に語り手の口に合うことばに落ち着いたとき、はじめてほんとうに「テキストをととのえた」といえるのだと思います。

語るためにととのえたテキスト例1

白鳥

　むかし、遠い国に、ひとりの王さまが住んでいました。王さまには、十一人のむすこと、エリザというひとりのむすめがありました。この十一人の王子と、妹のエリザは、何一つ不足のないくらしをしていました。けれども、そういうくらしが、いつまでも続くというわけにはいきませんでした。

　王さまが、意地悪なおきさきと結婚したのです。このおきさきは、子どもたちに、少しもやさしくありませんでした。

　それどころか、一週間たつと、おきさきは、幼いむすめのエリザを、遠いいなかにやって、ある百姓家にあずけました。それから王さまにむかって、王子たちのことをさんざん悪くいいましたので、とうとう王さまは、王子のことなど気にもかけなくなってしまいました。すると、おきさきは、王子たちにいいました。「どこへなりと飛んでいって、自分で自分のめんどうをみるがいい。」「口のきけない、大きな鳥になって、飛んでいけ！」

　たちまち、王子たちは、十一羽の白鳥になりました。十一羽の白鳥は、ふしぎな叫び声をあげて、城の窓から飛び出していきました。

　それから、白鳥たちは、妹のエリザのいる百姓家の上を飛びまわったあと、ふたたび、高く雲の中へ飛び立ちました。

　いっぽう、百姓家にほうっておかれたエリザは、みどりの葉をおもちゃにして遊びました。葉っぱに穴をあけて、そこからお日さまをながめると、そこに、おにいさんたちの、明るいひとみが、見えるような気がしました。

　一日一日が、同じように過ぎていきました。そして、エリザは美しく、純真で善良なむすめになりました。

　エリザは、十五になったとき、お城に呼びもどされることになりました。おきさきはエリザを見て、あまりきれいなので腹が立ち、にくしみでいっぱいになりました。

　そこで、おきさきは、エリザのからだにクルミのしるをすりこんで黒くしました。きれいな顔には胸が悪くなるようなくさいなんこうをぬりたくり、美しいかみの毛はくしゃくしゃにもつれさせてしまいました。こんなエリザを見て、王さまはびっくりし、これは自分のむすめではないといいました。

王さまばかりではありません。ほかのだれにも、これがエリザだとはわかりませんでした。わかったのは、見張りの犬と、ツバメだけでしたが、どちらもとるに足りない生きもので、そのいい分に耳をかすものなど、ひとりもいませんでした。

泣く泣くお城をぬけだしたエリザは、一日じゅう歩き続け、やがて、大きな森へやって来ました。

エリザが森にはいってしばらくすると、日が暮れました。そこで、エリザは、夕べの祈りをささげてから、やわらかなこけの上に横になりました。まわりには、草の中といわずこけの上といわず、ホタルがそれはそれはたくさんいて、みどりの火のように光りました。

エリザは、一晩じゅう、おにいさんの夢を見ました。夢の中で、みんなは、もう一度子どもにかえって、いっしょに遊びました。

エリザが目をさましたとき、お日さまは、もう高くのぼっていました。あたりには、みどりの葉のみずみずしいかおりがたちこめ、金色の木もれ日が、さらさらと、ゆれうごいていました。小鳥たちはエリザのそばへやって来て、今にも肩に止まりそうにしました。どこかで、水のはねる音が聞こえました。近くに、わき水の流れこむ池があったのです。池の底は、きれいな砂地で、水はまったくすみきっていました。

自分の顔が水にうつるのを見た瞬間、エリザはぞっとしました。まっ黒で、見るのもおそろしかったからです。けれども、その水で洗うと、もとどおり、かがやくように白いはだが見えてきました。そのあと、エリザは着物をぬいで、清らかな水の中へはいっていきました。

着物を着なおして、長いかみをあむと、エリザは、いちだんと森の奥深くはいっていきました。

あたりはまったく静かで、自分の足音ばかりか、ふみしだかれた枯葉がたてるかすかな音さえ、聞こえました。高い木がおいしげり、幹と幹とが重なりあって見えるので、まるで大きな木のさくに、とじこめられているような気がします。ほんとうに、ここには、いいしれぬさびしさがありました。

夜がふけて、あたりはまっ暗になりました。ホタル一匹光りません。悲しみに心をふさがれたまま、エリザは横になって眠りました。すると、頭の上の枝が左右にわかれて、そこから神さまが、やさしい目で自分を見おろしていらっしゃるような気がしました。

つぎの朝、エリザは、ひとりのおばあさんに出会いました。エリザは、おばあさんに、十一人の王子を見なかったかとたずねました。

「いいや、」と、おばあさんはいいました。「けど、きのう、十一羽の白鳥が、頭に金のかんむりをのせて、この近くの川で泳いでいるのを見たよ。」そして、おばあさんは、エリザを、その川までつれていってくれました。

エリザは、流れにそって歩いていき、とうとう、広びろとした海に出ました。美しい海が、エリザの目の前に、はてしなく広がっていました。浜べには、人かげ一つ見えません。打ちあげられた海草の上に、十一枚の、白鳥の羽根が落ちていました。エリザはそれを集めて、たばにしました。

それから、エリザは、海岸にころがっている、無数の小石に目をやりました。どれもこれも、波にもまれて、まるくなっています。よせては返す、水の力で、かたい石の形が変わっていました。水は、エリザのきゃしゃな手より、まだずっとやわらかだというのに――。

太陽が今にも沈もうというとき、頭に金のかんむりをいただいた十一羽の白鳥が、陸の方へ飛んで来るのが、エリザの目にはいりました。白鳥は、長い白いリボンのように、たてにつらなって、空を舞っていました。エリザは、砂浜をはいのぼって、やぶのかげに身をかくしました。そのまに、白鳥たちは、エリザのすぐ近くにやってきて、大きな白いつばさを、バタバタいわせました。

まもなく、太陽が、水平線の下に沈みました。と、たちまち、白鳥のからだから羽根が抜け落ちて、目の前に、十一人の美しい王子が立っているではありませんか！ エリザは、思わず大声をあげました。おにいさんたちは、ずいぶん変わっていましたが、エリザには、それがおにいさんだということがちゃんとわかりました。おにいさんたちも、これがエリザとわかって大喜び。みんなは、泣いたり、笑ったりしました。おたがいの身の上をくわしく話すまでもなく、あのまま母のとった仕打ちが、どんなにひどいものだったかがわかりました。

「にいさんたちは、ここには住んでいない。」と、いちばん上のおにいさんが話しました。

「遠い海の向こうの美しい国に住んでいるんだ。昼間は、白鳥の姿になって、空を飛ぶぼくたちだが、この広い海をわたって、ここまで飛んで来るには、一年じゅうでいちばん昼のながい日で、二日かかる。途中には、ぼくたちが一夜を過ごせるような島は一つもない。大海原のまん中に、ぽつんと一つ、小さな岩が、顔を出しているだけだ。ぼくたちが並んで立つのがやっとの、ちっぽけな岩だ。だけど、そんな小さな岩でも、あるってことだけで、ぼくたちは神さまに感謝しているよ。あれがなけりゃ、とてもこのなつかしいふるさとにもどっては来られない。だって、わかるだろう？　ぼくたちは、お日さまが沈むと、人間にもどるんだ。もし、お日さまが沈むとき、陸地に足をつけていなかったら、人間の姿にもどったとたん、ついらくして死んでしまうからね。だからぼくたちが、こうやって生まれ故郷にやって来られるのは、一年にたった一回。それも、十一日間いられるだけだ。その間に、この大きな森の上を飛んで、ぼくたちが生まれたお城をながめたり、おかあさまが眠っていらっしゃる教会の、高い塔を見たりするのさ。そして、ぼくたちがここにいられるのは、あと二日というときに、おまえにめぐりあえたってわけだ。」

「おにいさんの魔法をといてあげられさえしたらねえ！」と、エリザは心からいいました。それから、みんなは、ほとんど一晩じゅう、話しに話しました。そして、つぎの日、夜になって、人間の姿にもどった、おにいさんたちがいいました。

「あす、ぼくたちは、ここを飛び立つ。そうすれば、まる一年はもどって来られない。ぼくたちといっしょに来る勇気があるかい？　みんなが力を出しあえば、ぼくらのつばさは、おまえをつれて、海の向こうまで飛んでいけるだけの力はあるにちがいない。」

「ええ、つれていってちょうだい。」と、エリザはいいました。

みんなは、一晩じゅうかかって、しなやかなヤナギの木の皮と、じょうぶなイグサで、うんと強いあみをあみました。エリザは、その上に横になりました。日がのぼり、兄弟が白鳥の姿に変わるが早いか、みんなは、くちばしであみをしっかりくわえて、雲の中高く舞いあがりました。

海の上を空高く運ばれるのは、それはふしぎな気がするものでした。はるか下を見ると、船が、まるで、波に浮かぶカモメのように見えました。うしろの方には山のように大きな雲があって、そこに、エリザと十一羽の白鳥のかげが、とほうもなく大きくうつっていました。それは、すばらしい光景でした。太陽がさらに高くのぼり、エリザの顔にお日さまの光がまともにさすと、白鳥の一羽が、エリザの頭の上を飛んで、つばさでかげをつくってくれました。

まる一日、白鳥たちは、矢のようにヒューヒュー音をたてて、空を飛びました。でも、今は、妹を運ばなければならないので、前ほど、速くは飛べません。あらしがまき起こり、夜が近づいていました。エリザは、おそろしさに身がすくみました。お日さまは沈みかけているのに、あの、海の中に、ぽつんと立っているという岩のかげが、どこにも見えなかったからです。黒い雲があらわれ、はげしい突風がまき起こりました。いなずまが、あとからあとから光りました。

今や太陽は、水平線にとどくところまで沈んでいました。エリザの心はふるえました。そのとき、急に、白鳥たちが、下にむかって、まっしぐらに降りはじめました。太陽は、半分水平線の下にかくれていました。このときはじめて、下の方に小さな岩のあるのが、エリザの目にはいりました。岩は、アザラシが、波の上に頭を突き出したほどの大きさしかありませんでした。太陽は刻々と沈み、今はもう、星のように小さくなりました。と、そのとき、エリザの足が、かたい地面にふれました。太陽は、紙きれがもえつきるときのような、最後のきらめきを残して、水平線の下にかくれました。おにいさんたちは、エリザを中にして、そのまわりに手をつないで立ちました。岩の広さは、おにいさんとエリザがやっといられるきりで、少しのゆとりもありません。波のしぶきは、みんなをずぶぬれにしました。いなずまが、たえまなくきらめき、かみなりがとどろきました。兄弟は、おたがいに手をしっかりにぎりあって、歌をうたいました。そうすると、心が安らぎ、勇気がわきました。

あけがたになると、空気はすみ、風もしずまりました。太陽がのぼるとすぐ、白鳥たちは、エリザをつれて、この小さな島を飛び立ちました。

一日じゅう、飛び続けたと思うころ、とうとう、目ざす国が見えてきました。美しい、青々とした山々がそびえ、スギの林や町や城が見えます。お日さまが沈むには、まだ間があるうちに、エリザは、山の中腹にある、大きなほら穴の前に降り立ちました。ほら穴のまわりには、しなやかなみどりのつるくさがおい茂り、まるでししゅうしたカーテンをつるしたようでした。ここがエリザの眠る場所でした。「さあ、今夜はここで、どんな夢を見るかな。」と、おにいさんたちは、いいました。

「夢で、どうしたらおにいさまたちみんなの魔法がとけるか、それがわかればいいのだけど!」と、エリザはいいました。神さま、どうかお力をかしてくださいと、エリザは、一心に祈りました。夢の中でも、祈り続けました。すると、森の中で出会ったおばあさんによく似た妖精があらわれて、「にいさんたちの魔法をとくことはできる。」と、いいました。

「でも、おまえに、それだけの勇気と忍耐があるかい？　海は、おまえのしなやかなゆびより、まだやわらかい。それなのに、かたい石の形をかえてしまう。それは、ほんとうだよ。でもね、おまえのゆびは痛みを感じるけれど、海は痛みを感じない。海には心がないからねぇ。わたしが手にもっている、このイラクサが見えるかい？　おまえが寝ているほら穴のまわりに、これと同じものがたくさんはえている。これと、教会の墓地にはえているのとだけが役に立つ。よくおぼえておおき、集めるのは、この二つの場所のイラクサなんだよ。つかむと手がひりひりして、水ぶくれができるだろうが、こいつを集めなきゃならない。それを足でふみつぶすと、糸がとれる。その糸で、よろいの下に着る、長いそでのついたはだ着を十一枚あみなさい。そのはだ着を十一羽の白鳥の上に投げかけたら、魔法はとける。だがね、おまえの心に、しっかととめておかなければならないことが一つある。仕事をはじめたら、その瞬間から終わるまで、たとえ何年かかっても、決して口をきいてはいけない。ひとことでもつぶやこうものなら、そのひとことが、おそろしい短刀のように、にいさんたちの心ぞうに突きささるんだよ。にいさんたちのいのちは、おまえの舌ひとつにかかっている。何をするにしても、これだけは忘れるんじゃないよ。」

　こういいながら、妖精は、もっていたイラクサで、エリザの手にふれました。焼けつくような痛みを感じて、エリザは、目をさましました。あたりは、もうすっかり明るくなっていました。自分が眠っていた場所のすぐ近くに、夢で見たのと同じイラクサが、はえていました。エリザはひざまずいて、神さまにお礼をいいました。そして、さっそく仕事にとりかかりました。エリザは、きゃしゃな手で、おそろしいイラクサをつかみました。もえている火をつかんだような感じがして、手にも腕にも、大きな水ぶくれができました。でも、エリザは、ひるみません。エリザは、はだしで、イラクサを一本一本ふみつぶしては、それをよって、みどりの糸をつくりました。

　日が落ちて、おにいさんたちが帰って来ました。おにいさんたちは、エリザがひとことも口をきかないのを見て、おどろきあやしみました。またあの意地悪なまま母が、新しい魔法をかけたのかと思ったのです。でも、エリザの手を見て、エリザがしていることは、自分たちのためだとさとりました。

　エリザは、一晩じゅう働きました。あくる日も、白鳥たちがいない間、エリザは、時のたつのも忘れて働きました。はだ着は、はや一枚できあがり、二枚目にとりかかっていました。

突然、山々に狩りの角笛が鳴りわたりました。音は、しだいに近くなり、犬のほえるのも聞こえてきました。エリザは、おそろしくなって、ほら穴にかけこみ、すいて糸にしてあったイラクサをたばにしてしばり、その上にすわりました。

やがて、狩りの一隊が、ほら穴の入口にやってきました。その中で、ひときわ美しい人が、この国の王さまでした。王さまは、エリザの方に、歩み寄りました。これほど美しいむすめを、王さまは、見たことがありませんでした。「どうしてこんなところにいるのかね?」と、王さまはたずねました。エリザは、首をふりました。口をきくわけにはいきません。おにいさんたちが生きるか死ぬかにかかわることだからです。

「わたしといっしょに来るがいい。」と、いって、王さまは、エリザを、自分の馬の背にのせました。エリザは、手をもんで泣きました。けれども、王さまは、「わたしはおまえをしあわせにしたい。ただそれだけのことだ。」

そういって、馬を走らせ、エリザを宮殿につれていきました。

宮殿は、柱も床も大理石でできていました。広間の中には、大きな噴水があって、天井は見上げるように高く、かべや天井には、目のさめるように美しい絵がかかれていました。しかし、それもこれも、エリザの目にはうつりませんでした。

まもなく、おつきの女がやって来て、エリザに、女王が着るような衣装を着せました。かみの毛には真珠をあみこみ、手には、品よく手袋をはめました。

エリザの美しさはまばゆいばかりでした。宮中の人びとは、思わずエリザの前に、深ぶかと頭をさげました。ただ、大僧正だけは頭をふって、つぶやきました――このむすめは、魔女にちがいない。

けれども、王さまは、大僧正のいうことに耳をかそうとはしませんでした。エリザは、ごうかなへやに案内され、エリザのために、めずらしい料理が運ばれました。音楽がかなでられ、美しいむすめたちが踊ってみせました。それでも、エリザの目もとにも口もとにも、ほほえみ一つ浮かびません。つぎに、王さまは、エリザを、小さなへやへ案内しました。へやのかべは、高価なみどりのかべかけでおおわれていて、エリザがいた、山のほら穴に、たいへんよく似ていました。床の上には、エリザがイラクサをよってつくった糸のたばがおいてあり、天井からは、仕上がったはだ着が一枚、さがっていました。

「ここなら、おまえも、住みなれた自分の家にいるようなここちがするだろう。」と、王さまはいいました。

これを見ると、はじめてエリザの口もとがほころびました。これさえあれば、おにいさんたちを救うことができる――と、思ったからです。エリザは、王さまの手にキスしました。王さまは、エリザを、胸にだきしめました。そして、教会の鐘を鳴らして、結婚式を知らせるように命じました。

大僧正は、王さまの耳に、よくないことばをささやきました。でも、それは、王さまの心にはとどきませんでした。結婚式では、大僧正みずから、エリザの頭に、かんむりをのせなければなりませんでした。大僧正は、腹立ちまぎれに、ただでさえきゅうくつなかんむりの輪を、エリザの額にぎゅっとはめました。エリザを痛い目にあわせようとしたのです。けれども、――おにいさんたちを思う悲しみ――に、心をしめつけられているエリザは、からだの痛みなど少しも感じませんでした。エリザは口をつぐんだままでしたが、そのひとみには、この気高く美しい王さまに対する、深い愛情がやどっていました。

王さまを思うエリザの心は、日一日と深くなりました。ああ、王さまに何もかもうちあけられたら……この苦しみを聞いてもらうことさえできたら！　いいえ、だめです。仕事が終わるまでは、決して口をきいてはならないのです。エリザは、夜になると、ほら穴に似せてつくられた自分のへやにはいりました。そして、一枚、また一枚と、せっせとはだ着をあみました。ところが、七枚目にとりかかったとき、糸がなくなってしまいました。

エリザは、教会の墓地に行けば、イラクサがはえていることは知っていました。でも、自分でとりにいかなければなりません。「どうしても行かなければ――。」

エリザは、心をおののかせながら、月の光に明るく照らされた庭園にしのび出ました。それから、人気のない通りに出、とうとう墓地へやって来ました。大きな墓石の上に、おそろしい姿の魔女が、寄り集まってすわっているのが、エリザの目にはいりました。魔女たちは長いやせこけたゆびを、新しくできたお墓の中へつっこんで、死体を引きずり出しては、その肉を食べていました。エリザは、思いきってそのそばを通りました。魔女たちは、おそろしい目をすえて、エリザを見ました。エリザはお祈りをとなえると、チクチクするイラクサを集め、それをもって宮殿に帰りました。

たったひとり、この様子を見ていた人がありました。大僧正です。ああ、やっぱり、わしがあやしいとにらんだのは当たっていた。どれもこれも、女王にあるまじき行いだ。あれは魔女だ。

大僧正は、自分が見たこと、心配していることを、王さまに話しました。疑いとおそれに苦しみ、日ごとに、王さまの顔は暗くなりました。エリザの心は痛みました。王さまのことを思い、その上、おにいさんのことを思って、どんなに心が重かったことか！

悲しみの涙が、女王のむらさき色のビロードの着物の上にこぼれ落ちました。

こうしているうちに、エリザの仕事も終わりに近づき、はだ着もあと一枚あめばよいことになりました。でも、その今になって、糸がなくなったのです。イラクサも一本も残っていません。もう一度、墓地に出かけて、イラクサを、とってこなければなりません。さびしい道中や、あのおそろしい魔女のことを考えると、身のすくむ思いがしました。けれども、エリザの決心はかたいものでした。

エリザは出かけました。そのあとを、こんどは、王さまと大僧正が、つけていました。ふたりは、エリザが、墓地へはいっていくのを見ました。それから、墓石の上に、すわっている魔女たちを見ました。王さまは顔をそむけました。その中にエリザがいたと、思ったのです。

「あれの裁判は、国民にまかせよう。」と、王さまはいいました。すると、人びとは、エリザを、火あぶりの刑にせよといいました。エリザは、きれいな宮殿の広間から、暗い、じめじめした牢屋につれていかれました。鉄格子のはまった窓から、風がヒューヒュー音をたてて吹きこんでいました。ビロードや絹はとりあげられ、かわりに、エリザが集めたイラクサのたばが与えられました。それをまくらにすればよかろう、それに、エリザがあんだ、ごわごわでチクチクするはだ着を、毛布がわりにかければいいだろうというのです。でも、何がもらえるとしても、今のエリザにとって、これほどありがたいものは考えられませんでした。エリザは神さまにお祈りをして、仕事にとりかかりました。牢屋の外の道路では、男の子たちが、エリザをあざける歌をうたいました。

ところが、夕方近くなって、鉄格子のところで、白鳥のつばさがパタパタいう音が聞こえました。それは、いちばん年下のおにいさんでした。やっと、妹の居場所をさがしあてたのです。エリザは、うれしさのあまり、すすりなきました。エリザは、おそらく今夜が、生きている最後の夜になるだろうとは覚悟していました。それでも、とにかく、仕事は九分通りできあがっているし、おにいさんたちもそばにいるのです。

エリザはだまって仕事を続けました。

さて、つぎの日、人びとは、だれもかれも、魔女の火あぶりを見ようと、町の門からあふれ出ました。見るもあわれな、老いぼれ馬が、エリザをのせた荷車をひいています。エリザは、そまつな粗布の着物を着せられていました。長い美しいかみが、形のよい頭のまわりに、ばらばらとたれています。ほおは死んだように青ざめ、くちびるはかすかに動いていました。その間も、ゆびはせっせと、みどりの糸をあみ続けていました。死にむかう道すがらも、いったんはじめた仕事をやめようとはしなかったのです。エリザの足もとには、十枚のはだ着がおいてありました。今あんでいるのが十一枚目でした。

「おい、見ろよ、あの魔女め、まだ何かいやらしい魔法の道具をいじくってるぜ。そいつをとりあげて、バラバラにしちまえ。」人びとが、どっと押し寄せてきました。けれども、そのとき、十一羽の白鳥が空から舞いおりて、荷車のまわりにとまってエリザをとりかこみ、大きなつばさをバタバタさせたので、群衆はおそれをなして、あとへひきました。

「天のしるしだ！　あの女に罪はないにちがいない！」と、多くの人はささやきました。でも、声に出してそういうほど勇気のある人はいませんでした。

このとき、死刑執行人が、エリザの手をつかみました。と、エリザは、すばやく、十一枚のはだ着を、白鳥の上に投げかけました——すると、どうでしょう。みんなの目の前に、美しい王子が十一人立っているではありませんか！　ただ、いちばん年下の王子は、片腕が白鳥のつばさのままでした。時間が足りなくて、この王子のはだ着にはそでが片方しかついていなかったからです。

「これで、やっと、ものがいえる……わたしに罪はありません。」といったきり、エリザは、おにいさんたちの腕の中へ、気を失って倒れました。

「そうです。この子に罪はありません。」と、いちばん年上のおにいさんがいいました。そして、これまでのできごとを、残らず語りました。おにいさんが話をしている間に、火あぶりに使うはずだったまきの一本一本から、根がはえ、枝がのびて、何百万もの真紅のバラの花が咲き、甘いかおりが、あたりにただよいました。そして、そのてっぺんに、たった一輪、純白のバラが、星のようにかがやいていました。王さまが、それを手折って、エリザの胸の上におきました。すると、エリザは、しあわせとやすらかさに心満たされて、目ざめました。

教会の鐘という鐘が、ひとりでに鳴りだしました。鳥が大きな群れをなして飛んできました。ご婚礼を祝う行列が、宮殿をさして帰っていきます——どんな王さまも、これほどの行列は見たことがなかったでしょう。

白鳥　語るためにととのえたテキスト例２

ずっと、ずっと遠く、冬になるとツバメが飛んで来る国に、ひとりの王さまが住んでいました。王さまには、十一人のむすこと、エリザというむすめがひとりありました。

おきさきが亡くなると、王さまは、意地悪な女と結婚しました。新しいおきさきは、子どもたちに、少しもやさしくありませんでした。結婚式の日、ご馳走づくめの中で、おきさきが子どもたちにくれたのは、お茶わん一ぱいの砂だけでした。そして、それを何かおいしいものだと思ってりゃいいだろうというのでした。

一週間たつと、おきさきは、幼いむすめのエリザを、遠いいなかにやりました。それから王子たちにむかっていいました。

「どこへなりと飛んでいって、自分で自分のめんどうをみるがいい。」「口のきけない、大きな鳥になって、飛んでいけ！」

けれども、おきさきが望んだほどひどいことにはなりませんでした。王子たちは、十一羽の美しい白鳥になったのです。十一羽の白鳥は、ふしぎな叫び声をあげて、城の窓から飛び出すと、野をこえ、森をこえて、どこか遠くへ飛びさりました。

それから長い年月が経ちました。エリザは日に日に美しくなり、この世で一番きれいなむすめとなりました。

　エリザが十五になったとき、王さまの望みで、エリザは、お城に呼びもどされることになりました。おきさきはエリザを見ると、あまりきれいなので腹が立ち、にくしみでいっぱいになりました。

　あくる朝早く、おきさきは大理石でできた湯殿へいきました。おきさきは、ヒキガエルを三匹つかまえると、一匹一匹にキスしてはこういいました。はじめの一匹には、「エリザがお湯にはいったら、あの子の頭の上におすわり。あの子がおまえのようにのろくさくなるように。」二匹目には、「おまえはあの子の額の上におすわり。あの子がおまえのようにみにくくなって、父おやにもそれとわからなくなるように。」三匹目には、「おまえはあの子の心ぞうにぴったりくっついて、あの子の心に、よこしまな思いを吹きこむのだよ。それがあの子を苦しめることになるからね。」といいました。そして、三匹をすんだお湯の中にはなちました。すると、お湯はたちまち、みどりがかった色に変わりました。

　それから、おきさきは、エリザを呼んで、着物をぬがせ、お湯にはいらせました。エリザがお湯にはいると、一匹のヒキガエルが、エリザのかみの毛の上に、二匹目が額の上に、そして三匹目が胸の上にとびのりました。けれども、エリザは何にも気がつかないようでした。やがて、エリザがお湯からあがると、ケシの花が三つ、あとに浮かんでいました。もしもあの三匹が毒もなく、魔女にキスされてもいなかったら、三匹は、赤いバラの花になっていたでしょう。でも、とにかく花にはなったのです。ただ、エリザの頭や胸にのったというだけでですよ。エリザがあまり清らかで、汚れを知らなかったので、魔法をかけようにもかからなかったのです。

　これを見た意地悪なおきさきは、エリザのからだにクルミのしるをすりこんで黒くしました。きれいな顔には胸が悪くなるようなくさいなんこうをぬりたくり、美しいかみの毛はくしゃくしゃにもつれさせてしまいました。だれが見ても、これがあのきれいなエリザだとは、とてもわからなかったでしょう。ですから、王さまはエリザを見てびっくりし、これは自分のむすめではないといいました。

　そこで、泣く泣くお城をぬけだしたエリザは、一日じゅう歩き続け、やがて、大きな森へやって来ました。

　森へやって来たものの、どこへ行くというあてもありません。ただもう悲しくて、たまらなくおにいさんたちに会いたいと思いました。おにいさんたちも、きっと自分と同じように、どこかをさまよっているのでしょう。エリザは、どうあっても、おにいさんたちをさがし出そうと決心しました。

森をさまよい歩くうち、エリザは、とある池にでました。池の水に、自分の顔をうつしてみた瞬間、エリザはぞっとしました。まっ黒で、見るもおそろしかったからです。けれども、手に水をつけて、目や額をこすると、もとどおり、かがやくような白いはだが見えてきました。

この世の中のどこをさがしても、エリザほど色白で美しい王女は、ほかにいなかったでしょう。

それから水の中にはいって体をきれいにすると、エリザは、いちだんと森の奥へ、はいっていきました。

ある時、エリザは、ひとりのおばあさんに出会いました。エリザは、おばあさんに、このあたりで、十一人の王子を見かけなかったかとたずねました。

「いいや、」と、おばあさんはいいました。「けど、きのう、十一羽の白鳥が、頭に金のかんむりをのせて、近くの川で泳いでいるのを見たよ。」

エリザは、おばあさんにお礼をいって、川にそって歩いていき、やがて、川が海に流れこんでいるところに出ました。目の前にはてしなく大きな海が広がっていました。エリザは、広々とした海岸にころがっている、無数の小石に目をやりました。どれもこれも、波にもまれて、まるくなっています。

「海の水は、よせては返し、よせては返しして、かたいものでも、すべすべにすることができるんだわ。わたしも海と同じように、しんぼう強くなりましょう。」エリザはそう、心にきめました。

打ちあげられた海草の上に、十一枚の、白い鳥の羽根が落ちていました。エリザはそれを集めて、たばにしました。

やがて、太陽が今にも沈もうというとき、頭に金のかんむりをのせた十一羽の白鳥が、こちらにむかって飛んで来るのが、見えました。白鳥は、長い、白いリボンのように一列につらなって、空を舞っていました。白鳥たちは、エリザのすぐ近くに舞い降りると、大きな白いつばさをバタバタいわせました。

まもなく、太陽が、水平線の下に沈みました。と、たちまち、白鳥のからだから羽根が抜け落ち、目の前に、十一人の美しい王子――エリザのおにいさんたちが立っているではありませんか！　エリザは思わず大声をあげました。そして、おにいさんの腕の中に飛びこんで、ひとりひとりの名を呼びました。おにいさんたちも、これがエリザだとわかって大喜び。みんなは、泣いたり笑ったりしました。

それから、いちばん上のおにいさんが、話しました。「にいさんたちはね、お日さまが空にいる間は、白鳥の姿になって飛ぶけれど、お日さまが沈むと、人間の姿にもどる。だから、お日さまが沈むときには、ちゃんと陸地に足をつけているようにしなければならないんだよ。だって、わかるだろう？もし、そのとき、雲の上を飛んだりしていようものなら、人間の姿にもどったとたん、ついらくして死んでしまうからね。ぼくたちは、ずっと遠くの美しい国に住んでいる。この広い広い海を、わたっていくんだ。途中には、一夜を過ごせるような島は一つもない。ただ、大海原の真ん中に、ぽつんと一つ、小さな岩が、顔を出しているだけだ。ぼくたちが並んで立つのがやっとの、ちっぽけな岩だ。だけど、そんな小さな岩でも、あるってことだけで、ぼくたちは神さまに感謝しているよ。あれがなけりゃ、とてもこのなつかしいふるさとに帰っては来られない。あす、ぼくたちは、ここを飛び立つ。そうすれば、まる一年はもどって来られまい。だけど、このまま、おまえをここに残していくことは、とてもできない。ぼくたちといっしょに来る勇気があるかい？　みんなが力を出しあえば、ぼくらのつばさは、おまえをつれて、海の向こうまで飛んでいけるだけの力はあるにちがいない。」

「ええ、つれていってちょうだい。」と、エリザはいいました。

みんなは、一晩じゅうかかって、しなやかなヤナギの木の皮と、じょうぶなイグサで、うんと強い大きなあみをあみました。エリザは、その上に横になりました。日がのぼり、兄弟が白鳥の姿に変わるが早いか、みんなは、くちばしであみをしっかりくわえて、空高く舞いあがりました。だいじな妹は、まだ、あみの中で、眠っていました。その顔に、日の光がまともにさしたので、いちばん年下のにいさんが、エリザの頭の上を飛んで、大きなつばさをひろげて、かげをつくってやりました。

エリザが目をさましたのは、陸からだいぶはなれたころでした。海の上をはるか高く運ばれるのは、それはふしぎな気がするものでした。

高い空から下を見ると、船が、まるで波に浮かぶカモメのように小さく見えました。うしろをふりむくと、山のような大きな雲に、自分たちのかげが、とほうもなく大きくうつっていました。朝から夕方までまる一日、白鳥たちは、矢のようにヒューヒュー音をたてて、空を飛びました。でも、今は、妹を運ばなければならないので、前ほど、速くは飛べません。

空は荒れはじめ、その上、夕闇がせまってきました。エリザは、おそろしさに身がすくみました。お日さまは沈みかけているのに、あの、海の中にぽつんと立っているという岩のかげが、どこにも見えなかったからです。エリザは白鳥たちのはばたきが、いっそうはげしくなったように思いました。あ、どうしよう！　白鳥たちがこれ以上速く飛べないのは、わたしのせいだ。お日さまが沈んでしまったら、みんな、人間の姿になって、海に落ちておぼれ死んでしまう――。黒い雲があらわれ、はげしい風がまき起こりました。いなずまが、あとからあとから光りました。

今や太陽は、水平線にとどくところまで沈んでいました。エリザの心はふるえました。そのとき、急に、白鳥たちが、下にむかって、まっしぐらに降りはじめました。エリザは、一瞬落ちたのかと思いましたが、白鳥たちは、またすいすい、すべるように飛んでいました。太陽が、水平線の下に半分かくれました。そのときはじめて、下の方に小さな岩のあるのが、エリザの目にはいりました。白鳥たちは下に向かってぐんぐん降りて行きます。けれども、太陽は、なんと早く刻々と沈んでいくことでしょう。今はもう、赤い小さな星のようになりました。と、エリザの足が、かたい岩にふれました。その瞬間、太陽は、最後のきらめきを残して、紙きれがもえつきるように水平線の下に沈みました。おにいさんたちは、エリザを真中に丸く手をつないで、小さな岩の上に立ちました。岩の広さは、みんながやっと立っていられるきりで、少しのゆとりもありません。波は岩に当たって砕け、しぶきは雨と降って、みんなをずぶぬれにしました。

空には、いなずまがほのおとゆらめき、次々とかみなりがとどろきました。兄弟は、おたがいに手をしっかりにぎりあったまま、賛美歌をうたいました。そうすると、心が安らぎ、勇気がわいてきました。

あけがた近くになると、風もしずまり、空気もすんできました。太陽がのぼるとすぐ、白鳥たちは、エリザをつれて、この小さな岩を飛び立ちました。

日がいちだんと高くのぼったころ、エリザの目の前には、山や林や教会や宮殿があらわれては消え、消えてはあらわれました。それが夢だったのか幻だったのか、とうとう、目ざす、ほんとうの国が見えてきました。日暮れ前、エリザと白鳥たちは、山の斜面にある、大きなほら穴の前に降り立ちました。ほら穴の入り口には、しなやかなみどりのつるくさがおい茂り、まるでじゅうたんをしいたようでした。エリザは、ほら穴にはいると、にいさんたちの魔法がとけるよう、一心に祈りました。夢の中でも、祈り続けました。

すると、妖精があらわれました。妖精は、森の中で出会ったおばあさんに、とてもよく似ていました。

「にいさんたちの魔法をとくことはできる。」と、妖精はいいました。「でも、おまえに、それだけの勇気と忍耐があるかい？　海は、おまえのしなやかなゆびより、まだやわらかい。それなのに、かたい石の形を変えてしまう。でもね、海は、おまえのように、おそれたり、苦しんだりすることがないからねぇ。さて、わたしが手にもっている、このイラクサが見えるかい？　おまえが寝ているほら穴のまわりに、これと同じものがたくさんはえている。それと、教会の墓地にはえているのとだけが役に立つ。よくおぼえておおき。集めるのは、この二つの場所のイラクサだけなんだよ。つかむと手がひりひりして、水ぶくれができる。だが、こいつを集めなきゃならない。それを足でふみつぶすと、みどりの亜麻糸がとれる。その糸で、長いそでのついたはだ着を十一枚あむんだよ。そのはだ着を十一羽の白鳥の上に投げかけたら、にいさんたちの魔法はとける。だが、おまえの心に、しっかととめておかなければならないことが一つある。それは、仕事をはじめたら、その瞬間から終わるまで、決して口をきいてはならないということだ。ひとことでもつぶやこうものなら、そのひとことが、命をねらう短刀となって、にいさんたちの心ぞうに突きささる。どんなことがあっても、これだけは忘れるんじゃないよ。」

こういいながら、妖精は、もっていたイラクサで、エリザの手にふれました。焼けつくような痛みを感じて、エリザは、目をさましました。あたりは、もうすっかり明るくなっていました。ほら穴のまわりに、夢で見たのと同じイラクサが、はえていました。エリザは、きゃしゃな手で、そのおそろしいイラクサをつかみました。もえている火をつかんだような気がして、手にも腕にも、大きな水ぶくれができました。でも、大事なおにいさんの魔法をとくことができるのならば、これくらいのことは何でもありません。エリザは、はだしで、イラクサを一本一本ふみつぶしては、それをよって、みどりの亜麻糸をつくりました。

日が落ちて、帰って来たにいさんたちは、エリザを見て泣きました。その涙がエリザの手や足に落ちると、そこは痛みも止まり、ひりひりする水ぶくれも消えました。

エリザは、一晩じゅう働きました。愛するおにいさんを救うまでは、やすんでなんかいられません。白鳥たちがいない昼間も、エリザは、ずっとすわったまま仕事を続けました。はだ着は、はや一枚できあがり、二枚目にとりかかっていました。

そのとき、突然、山々に狩りの角笛が鳴りわたりました。エリザは、おそろしくなって、ほら穴にかけこみ、たばねた糸の上にすわりました。

狩りの一隊が、ほら穴にやってきました。中でも、ひときわ美しい人が、この国の王さまでした。王さまは、これほど色白で、美しいむすめを、今まで見たことがありませんでした。「おまえは、どうしてこんなところにいるのかね？」と、王さまはたずねました。エリザは、ただ首をふりました。口をきくわけにはいきません。おにいさんたちを救えるかどうか――いや、それどころか、おにいさんたちの命にかかわることだからです。エリザは、自分が苦しんでいるところを、王さまがごらんにならないよう、手をエプロンの下にかくしました。

「わたしといっしょに来るがいい。」そういって、王さまは、エリザを、自分の馬の背にのせました。エリザは、手をもんで泣きました。けれども、王さまは、「わたしはおまえをしあわせにしたい。ただそれだけのことだ。」といって、エリザを宮殿につれていきました。

宮殿の大広間にはいると、見上げるような天井に、大きな噴水が吹き上がっていました。かべには、目のさめるような美しい絵がかかれています。しかし、それもこれも、エリザの目にはうつりませんでした。エリザの目は、悲しみと涙でいっぱいだったのです。おつきの女がやって来て、エリザに、女王の衣装を着せ、かみの毛には、真珠をあみこみ、水ぶくれのできた手には、品よく手袋をはめました。エリザは、なすがままになっていましたが、その美しさはまばゆいばかりで、宮中の人びとは、エリザの前に、思わず、深ぶかと頭をさげました。ただ、大僧正は頭をふって、森からやって来たきれいなむすめは、魔女にちがいないとつぶやきました。

王さまは、エリザを、ある小さなへやへ案内しました。へやの中は、みどりのかべかけでおおわれていて、エリザがいた、山のほら穴に、たいへんよく似ていました。床の上には、エリザがイラクサをよってつくった糸のたばがおいてあり、天井からは、仕上がったはだ着が一枚、さがっていました。これはみな、かりゅうどのひとりが、めずらしい品だというので、ほら穴から運んできたものでした。

「ここなら、おまえも、ふるさとに帰ったような気がするだろう。」と、王さまはいいました。

これを見ると、はじめてエリザの口もとにほほえみが浮かび、ほおに血の気がさしてきました。これさえあれば、おにいさんたちを救うことができる――と、思ったからです。ほんとうに、エリザにとっては、大事な大事な品じなでした。エリザは、王さまの手にキスしました。王さまは、エリザを、強くだきしめました。そして、教会の鐘という鐘を鳴らして、二人の結婚式を知らせるように命じました。

王さまは、エリザをしあわせにするためには、どんなことでもしてくれました。王さまを思うエリザの心は、日一日と深くなりました。ああ、王さまに、何もかもうちあけられたら！　と、エリザは、どんなに思ったことでしょう。しかし、仕事が終わるまでは、決して口をきいてはならないのです。エリザは、真夜中になると、そっと王さまのそばから抜け出し、小さなへやにはいりました。そして一枚、また一枚と、せっせとはだ着をあみました。ところが、七枚目にとりかかったとき、糸がなくなってしまいました。

エリザは、教会の墓地に行けば、妖精のいった、あのイラクサがはえていることは知っていました。でも、自分でとりにいかねばなりません。

エリザは、何か悪いことでもするときのように、心をおののかせながら、月あかりに照らされた庭園を通りぬけ、とうとう教会の墓地へやって来ました。大きな墓石の上に、おそろしい姿の魔女が、寄り集まってすわっていました。魔女たちは、着ていたぼろをぬぎ捨てると、長い、やせこけたゆびを、できたばかりの墓の中につっこんで、死体を引きずり出しては、その肉を食べていました。エリザは、心の中でお祈りをとなえながら、思いきってそのそばを通りました。そして、チクチクするイラクサを集めると、それをもって宮殿に帰りました。

たったひとり、この様子を見ていた人がありました。大僧正です。

「ああ、やっぱり、わしがあやしいとにらんだのは当たっていた。」と大僧正はいいました。「あれは魔女だ。魔女なればこそ、王やわしら家来をだましおおせたのだ。」

大僧正は、自分が見たことを、王さまに話しました。大粒の涙が二つ、王さまのほおをつたって落ちました。疑いとおそれに苦しみながら、日一日と、王さまの様子は暗くなっていきました。王さまのことを思うと、エリザの心は痛みました。

　こうしているうちにも、エリザの仕事は終わりに近づき、はだ着もあと一枚あめばよいことになりました。ところが、その今になって、また糸がなくなってしまったのです。もう一度、教会の墓地にいかねばなりません。さびしい道中や、あのおそろしい魔女たちのことを考えると、身がすくみました。

　それでも、エリザは出かけました。この時には、王さまと大僧正が、エリザのあとをつけていきました。ふたりがあとを追って教会の門のところまで来ると、魔女たちが墓石の上にすわっているのが見えました。王さまは顔をそむけました。その中にエリザがいたと、思ったのです。

「あれの裁判は、国民にまかせよう。」と、王さまはいいました。すると、人びとは、エリザを、火あぶりの刑にせよといいました。エリザは、きらびやかな宮殿の広間から、暗い、じめじめした牢屋につれていかれました。鉄格子のはまった窓から、風がヒューヒューと音をたてて吹きこんできます。ビロードや絹はとりあげられ、かわりに、エリザが集めたイラクサのたばがあてがわれました。それをまくらにすればよかろう、それに、エリザがあんだ、チクチクごわごわするはだ着を、ふとんがわりにすればいいだろうというのです。でも、何がもらえるとして、今のエリザにとって、これほどありがたいものは、ほかに考えられませんでした。

　エリザは、命ある最後の夜と覚悟して、夜通し、はだ着をあみ続けました。

　小さなネズミたちが、床の上を走りまわり、少しでもエリザをたすけようと、イラクサを足もとへ引きよせてくれました。ツグミは、窓の格子にとまって、エリザの気をひきたたせようと、一晩中、楽しい歌を、精いっぱいうたってくれました。

　さて、人びとは、だれもかれも、魔女の火あぶりを見ようと、町の門からあふれ出ました。見るもあわれな、老いぼれ馬が、エリザをのせた荷車をひいています。エリザは、そまつな粗布の着物を着せられていました。長い美しいかみが、ばらばらとたれています。ほおは死んだように青ざめ、くちびるはほんのかすかに動いていました。その間も、ゆびはせっせと、みどりの糸をあみ続けていました。死にむかう道すがらでさえ、いったんはじめた仕事をやめようとはしなかったのです。エリザの足もとには、仕上った十枚のはだ着がおいてありました。今あんでいるのが十一枚目でした。

群衆がエリザをあざけりました。「おい、見ろよ、あの魔女め、口をもぐもぐ動かしているぞ。それに、まだ何かいやらしい魔法の道具をいじくってるぜ。そいつをとりあげて、バラバラにしちまえ。」人びとは、エリザの上にのしかからんばかりに、どっと押し寄せて来て、エリザのつくったものをひきちぎろうとしました。そのとき、十一羽の白鳥が空から舞いおりてきて、荷車のまわりにとまり、エリザをとりかこんで、大きなつばさをバタバタさせたので、群衆はおそれをなして、あとへひきました。

「天のおつげだ！　あの女に罪はないにちがいない！」と、人々はささやきあいました。でも、それを声に出していうほど勇気のある人は、だれもいませんでした。

そのとき、死刑執行人が、エリザの手をつかみました。と、その瞬間、エリザはすばやく、十一枚のはだ着を白鳥たちの上に投げかけました――すると、どうでしょう。みんなの目の前に、美しい王子が十一人、立っているではありませんか！ただ、いちばん年下の王子は、片方の腕が白鳥のつばさのままでした。時間切れで仕上らず、その王子のはだ着には、そでが片方しかついていなかったからです。

「もう口をきいてもいいのですね。」とエリザはさけびました。「わたしに、罪はありません。」そういったとたん、おそれと苦しみにはりつめていた気持が一気にとけて、エリザは、気を失って、おにいさんたちの腕の中へ倒れました。

「そうです。この子に罪はありません。」と、いちばん年上のおにいさんがいいました。そして、これまでのできごとを、残らず語って聞かせました。その間に、火あぶりに使うはずだったまきの一本一本から、根がはえ、枝がのびて、何百万の真っ赤なバラが、生垣となって咲きました。あたり一面に、かぐわしいバラのかおりが立ちこめました。そして、そのてっぺんに、たった一輪、真っ白なバラが、かがやく星のように咲きました。王さまが、その真っ白なバラを手折って、エリザの胸におきました。すると、エリザは、しあわせに満ちて、しずかに目をさましました。

教会の鐘という鐘が、ひとりでに鳴りだしました。鳥が大きな群れをなして飛んできました。喜びの行列が、宮殿をさして帰っていきます――どんな王さまも、これほどの行列は、見たことがなかったでしょう。

あとがき

一九九九年九月二十三日、東京子ども図書館のホールで、「語るためのテキストをととのえる」講座の公開発表会が開かれました。五十名近いお客さまを前に、「長い話を短くする」試みの材料として取りあげられたふたつの物語、ユーゴスラビアの昔話「子どもと馬」と、アンデルセンの「白鳥」が、それぞれ三人の語り手たちによって三通りに短くされたテキストを用いて語られました。

発表会は、熱のこもったもので、ほぼ一年にわたった講座のよいしめくくりとなりました。単に紙の上だけで「テキストを短くする」のでなく、短くしたテキストを実際に語ってみるところまでを〝実験〟できたのが、特によかったと思います。これによって語った人はもちろん、聞く側にまわった人も、ずいぶん多くのことが学べたのではないかと思います。

講座の参加者からも、発表会を聞いた人たちからも、

――適切な手の入れ方をすれば、話によっては、読んだときよりおもしろくなる場合があるとわかった。

――話を短くするなど、とてもできないと思いこんでいたが、かなり短くしても話の本質は変わらないと感じた。

――長いからとあきらめていた話でも、上手に縮めることができれば、子どもたちに聞か

せられるよい話がまだまだありそうだ。

などの感想が寄せられました。長い間テキストと取り組み、いったん形をととのえてから語ってみた参加者からは、文章を目で読むことと耳で聞くことの違い、あるいは単なるテキストとしてのことばと、語ることで自分のことばとして胸に落ち着くことばとのへだたりを実感したという述懐もありました。

昔話にしろ、創作にしろ、語り手としては、テキストを大事にするということが、まず基本原則でなければなりません。しかし、本にそう書いてあるからといって、口にのりにくいことばや、耳で聞いてわからない表現をそのままにしておくのは、よいことだとは思えません。よい話だけれど長いから、語りにくいところがあるからと敬遠するというのも残念なことです。この講座では、もとの話を大事にしつつ、語り手と聞き手の双方が満足できるテキストを自分たちの手でつくりあげるという〝実験〟をしてみたかったので、右のような感想が出てきたのは、うれしいことでした。

とはいえ、語るという点からいえば、特に、ここで取りあげたふたつの物語を自分のレパートリーに加えようとする語り手にとっては、この試みによって得たテキストは、出発点にすぎません。これをもとに語りこんでいくうちに、テキストはさらに少しずつ変化していくことでしょう。そして、その変化には、今度は聞き手たちも参加することになるのです。なぜなら、聞き手の反応によって、語り方も、テキスト自体も、力点の置き方が微妙に変わっていくだろうからです。それは、コルウェルさんが『子どもたちをお話の世界へ』

で次のように述べておられる通りです。

話のパターンを確立し、細部もきっちり落ち着いて何度もそれを語ったあとでさえ、物語がいつのまにかさらに変化しているのに気づくことがあるでしょう。それは、聞き手の反応によるもので、語り手自身それに気づかないことも多いのです。ちょっとした人物がはいりこむことがあれば、重要でない人物のひとりが消えることもあります。細かい点が、加わったり、なくなったり、おそろしい出来事が、感じやすい子どものために、調子を落として語られるようになったり……。しかし、こうした変化が加えられても、話の基本はけっして変わらず、その物語の独自性を保ちます。変わったといっても、それはただ、語り手と、聞き手の反応によって、話の形が整えられただけです。お話は、こうでなくてはならず、またつねにそうあり続けてきたのです。（一一四〜一一五頁）

この講座が参加者の熱意に支えられて、予想以上に充実したものになったことを感謝し、このまとめが、子どもたちによい物語を届けるために、テキストをととのえる作業に取り組もうとしている多くの方のお役に立つように願っています。

一九九九年　十一月

松岡享子

この講座に参加されたのは次の方々です。（敬称略）

石田淑子　柿崎美枝子　柏崎千賀子　倉持裕子　佐藤喜美子　鈴木典
鈴木緑　龍原和子　田中英子　中内美江　中村真理子　原口なおみ
細谷みどり　宮崎久子

聴講＝加藤節子　内藤直子
教務＝浅見和子　尾野三千代

1999年版の『語るためのテキストをととのえる――長い話を短くする』の記録・編集は尾野三千代さんが、編集協力を細谷みどりさんがしてくださいました。

みなさまのご協力、ご努力に厚く御礼申しあげます。

東京子ども図書館は、子どもの本と読書を専門とする私立の図書館です。1950年代から60年代にかけて東京都内4ヵ所ではじめられた家庭文庫が母体となり1974年に設立、2010年に内閣総理大臣より認定され、公益財団法人になりました。子どもたちへの直接サービスのほかに、“子どもと本の世界で働くおとな”のために、資料室の運営、出版、講演・講座の開催、人材育成など、さまざまな活動を行っています。
くわしくは、当館におたずねくださるか、ホームページをご覧ください。
URL https://www.tcl.or.jp

レクチャーブックス ◆お話入門 **7**

語るためのテキストをととのえる——長い話を短くする

1999年12月14日 初版発行
2014年 6月16日 新装改訂版発行
2022年 9月15日 新装改訂版第2刷発行

編著者　松岡享子
発行者
著作権所有　公益財団法人 東京子ども図書館
〒165-0023　東京都中野区江原町1-19-10
Tel. 03-3565-7711　Fax. 03-3565-7712
印刷・製本　株式会社 ユー・エイド

ISBN 978-4-88569-193-5

レクチャーブックス◆お話入門7

語るためのテキストをととのえる――長い話を短くする

付録

短くしたテキスト例　原文対照

レクチャーブックス◆お話入門 7

語るためのテキストをととのえる――長い話を短くする

付録

短くしたテキスト例　原文対照

東京子ども図書館

子どもと馬　原文

『三本の金の髪の毛』　松岡享子訳
ほるぷ出版　一九七九年

　あるところに、男がいて、この人におさないむすこがありました。妻は、この子を生んだあとすぐなくなったので、男は、むすこのためにも、自分のためにも、二度めの妻をむかえたほうがよいだろうと思いました。さびしくて、たまらなかったからです。

　ところが、運のわるいことに、男がえらんだのは、わるい女でした。おさないむすこにとっては、よい母親ではなかったし、夫を愛してさえもいませんでした。ひとりでうちにいて、すきかってなことをしているときがいちばんしあわせというような女でした。夫がじゃまなので、女は病気のふりをしては、男を遠くの町や村まで薬を買いにやりました。そして、夫が買ってきてくれたものがなんであれ、二、三日すると、この薬はぜんぜんだめだ、あそこへいけば自分の病気にもっとよくきく薬があるときいたが、といって、前よりもずっと遠い場所の名をあげるのでした。かわいそうに、男は馬にのってま

語るためにととのえたテキスト例1

　あるところに、男がいて、この人におさないむすこがありました。妻は、この子を生んだあとすぐなくなったので、男は、二度めの妻をむかえました。

　ところが、運のわるいことに、男がえらんだのは、わるい女でした。おさないむすこにとっては、よい母親ではなかったし、夫を愛してさえもいませんでした。

夫がじゃまなので、病気のふりをしては、遠くの町や村まで薬を買いにやりました。

語るためにととのえたテキスト例2

　あるところに、男がいて、おさないむすこがひとりありました。妻は、この子を生むとすぐなくなったので、二度めの妻をむかえました。

　ところが、男がえらんだのは、わるい女でした。

女は病気のふりをしては、夫に遠い町まで薬を買いにいかせ、夫がいなくなると、自分のためだけに、おいしい料理をつくるのでした。

た出かけます。すると、うちにのこった女は、うるさいのがいなくなったとばかりよろこんで、自分だけのために、おいしい料理をつくったりしてたのしみました。

それでも、まだ、ままむすこがうちにいるので、まったくしたいほうだいにするわけにはいかず、すっかり気が晴れるというわけにもいきませんでした。そこで、どうしたらこの子をやっかいばらいできるだろうと考えました。

ある日のこと、女は、むすこのねどこに毒へビを二ひきいれました。そして、子どもにいつもよりはやくねるようにと、しつこくいいました。

「すぐねるよ、かあさん、ぼくの小馬にえさをやったらね。」と、子どもはいいました。

むすこは、馬屋にいきました。小馬の美しい頭をやさしくなでてやっていると、耳もとでこんなささやきがきこえました。

「今夜、自分のねどこにねるんじゃない。ままおっかさんが、中に毒へビを二ひきいれている——おっかさんは、あんたを殺そうとしてるんだ。ぼくといっしょにここにいて、ほし草の中でねるほうがいい。」

それでも、まだ、ままむすこがうちにいるので、気が晴れるというわけにはいかず、女はどうしたらこの子をやっかいばらいできるだろうと考えていました。

ある日のこと、女は、むすこのねどこに毒へビを二ひきいれました。そして、子どもにいつもよりはやくねるようにと、しつこくいいつけました。

「すぐねるよ、かあさん、ぼくの小馬にえさをやったらね。」と、子どもはいってから、馬屋にいきました。小馬の美しい頭をやさしくなでてやっていると、耳もとでこんなささやきがきこえました。

「今夜、自分のねどこでねるんじゃない。ままおっかさんが、中に毒へビを二ひきいれている。おっかさんは、あんたを殺そうとしてるんだ。ぼくといっしょにここにいて、ほし草の中でねるほうがいい。」

それでも、まだ、むすこがうちにいるので、したいほうだいにするわけにはいきません。

そこで、ある日のこと、女は子どものねどこに毒へビを二ひきいれ、いつもよりはやくねるようにと、いいました。

「すぐねるよ、かあさん、ぼくの馬にえさをやったらね。」と、子どもはいって、馬屋にいきました。子どもが馬の頭をなでてやっていると、耳もとでこんなささやき声がきこえました。

「今夜、きみのねどこにねるんじゃない。まま母が、毒へビを二ひきいれてある。あの女は、きみを殺そうとしてるんだ。ここでぼくといっしょに、ほし草の中でおやすみ。」

そこで、むすこは、そのとおりにしました。まま母は、つぎの朝、むすこがぴんぴんしているのを見て、ひどくがっかりしました。

いまになんとか、べつのやりかたを考えてやるから……腹の中でそうつぶやきながら、まま母は、これまでにもましてむすこにつらくあたりました。けれども、子どもは、お父さんの帰りをまって、なにごともひたすらがまんしました。

ある日の夕方、むすこは、ぶどう畑の人夫たちに食事をはこんで帰ってきました。くたくたにくたびれて、おなかもすき、のどもかわいていました。まま母は、子どもの帰ってきたのをよろこぶふりをしていいました。

「おまえ、長いこと歩いたんだもの、ずいぶんおなかがすいたろう。さ、おいしい晩ごはんをつくっておいたからね、さめないうちにはやくおあがり。」

むすこが目の前にならべられた料理を口にいれようとしたとき、家のすぐ近くで、馬がみょうな声でいななくのがきこえました。馬になにかあったのかと、むすこが、あわてて外へ出てみると、馬が自分についてくるようにと合図を

そこで、むすこは、そのとおりにしました。まま母は、つぎの朝、むすこがぴんぴんしているのを見て、ひどくがっかりし、これまでにもましてつらくあたりました。

ある日の夕方、いいつけられた仕事をおえて帰ってきたむすこに、まま母は、

「さ、おいしい晩ごはんをつくっておいたからね、さめないうちにはやくおあがり。」

むすこが料理を口にいれようとしたとき、家のすぐ近くで、馬がみょうな声でいななくのがきこえました。むすこがあわてて外へ出てみると、馬が自分についてくるようにと合図をするのです。まま母にきかれる心配のな

むすこは、いわれたとおりにしました。つぎの朝、子どもがぴんぴんしているのを見ると、まま母は、ひどくがっかりしました。

しばらくして、ある日の夕方、子どもがぶどう畑から帰ってくると、まま母は、こういいました。

「おなかがすいたろう。さ、おいしい晩ごはんをつくっておいたから、はやくおあがり。」

ところが、子どもが料理を口にいれようとしたとき、馬がきみょうな声でいななくのがきこえました。子どもが、あわてて外へ出てみると、馬はこっそりいいました。

するのです。まま母にきかれる心配のないところまでいくと、馬は、子どもにいいました。

「あのローストチキンをひと口も食べちゃいけないよ。まず、ひときれ年より犬にやって、どうなるか見てごらん。もし、犬がそのあとなんともなかったら、おまえも食べていい。しかし、ぼくには、なんともないとは思えないけどね。」

　むすこは、台所へもどって、いわれたとおりにしました。すると、おどろいたことに、犬は、さいしょのひと口をのみこんだとたん、その場にたおれて死んでしまいました。

「ほら、かあさん、この肉には毒がはいってる。ぼくは、食べないよ。ぼくがいったい、かあさんになにをしたっていうの、かあさんがこれほどまでぼくをにくんで、ひどい目にあわせなければならないほど？」

「おまえに、そんな口はきいてもらいたくないね、なにさ、このずうずうしいガキめ！　もし、ここが気にいらないんなら、たったいまこの家から出ていってもらおう！」

　子どもは、だまっていわれたとおり馬屋にいきました。わるい女は、いまやかんかんでした。だれが自分の計画をつぶして、むすこにもらし

いところまでいくと、馬は、子どもにいいました。

「あの肉をひと口も食べちゃいけない。まず、ひときれ犬にやって、どうなるか見てごらん。もしも犬がそのあとなんともなかったら、あんたも食べていい。」

　むすこは、いわれたとおりにしました。すると、おどろいたことに、犬は、さいしょのひと口をのみこんだとたん、その場にたおれて死んでしまいました。むすこは、母親にいいました。

「かあさん、この肉に毒がはいってる。ぼくは、食べないよ。ぼくがいったい、かあさんになにをしたっていうの。」

「おまえに、そんな口はきいてもらいたくないね。もし、ここが気にいらないんなら、たったいまこの家から出ていってもらおう！」

　子どもは、だまって馬屋にいきました。

わるい女は、だれが自分の計画をつぶして、むすこにもらしたのか知りたいと思いました。


「あの肉を食べるんじゃない。まず、ひときれ犬にやって、犬がなんともなかったら、きみもお食べ。」

　子どもは、台所へもどって、いわれたとおりにしました。すると、犬は、ひと口のみこんだとたん、その場にたおれて死んでしまいました。

たのか知りたいと思いました。あれこれせんさくして、とうとうそれが馬のしたことだとわかりました。女は、馬にしかえしをしてやろうと思いました。

それからまもなく、夫が帰ってきました。妻にただいまのあいさつをすると、男は、ふくろから、つぎつぎに、びんやらつつみやらをとりだしていいました。

「これが、呪術師ジューラの薬だ。それから、こっちがアンナばあさんの治療薬。これは、おまえが黒が丘でつんできてくれといった薬草だよ。ちゃんと夜あけ前、まだ露がおりているときにつんだからね。これだけみんなあるんだから、こんどは、よくなるといいがね。おまえ。」

「どうも、そうはいかないみたいだよ、おまえさん。それは、みんな戸だなにしまっといておくれ。また、あとでのむから。いまはそりゃぐあいがわるくって。この世の中でわたしの病気をなおせるのは、たったひとつ、うちの馬の肝臓だけだよ。あれを料理して食べたら、すぐその場で元気になって、気分もはればれするってことがわかるんだけど。」

男は、これをきいて、あの美しい馬がかわい

あれこれせんさくして、とうとうそれが馬のしたことだとわかりました。女は、馬にしかえしをしてやろうと思いました。

それからまもなく、薬を買いにいった夫が帰ってきましたが、女は、買ってきた薬は見向きもせず、うちの馬の肝臓だけが自分の病気をなおすことができるのだといって、馬を殺してくれるようしつこく夫にたのみました。

夫はしかたなく承知しました。

まま母は、あれこれ考えて、自分の計画を子どもにおしえたのが馬であることを知ると、しかえしをしてやろうと思いました。

それからまもなく、夫が薬を買って帰ってくると、女はいいました。

「おまえさん、せっかくだけど、この世でわたしの病気をなおせるのは、たったひとつ、うちの馬の肝臓だけだよ。あれを食べたら、すぐに元気になれるのだけれど。」

男は、これをきいて、馬がいなくなれば、

そうになりました。そしてまた、馬がいなくなれば、むすこがどんなにさびしがるだろうとも思いました。男の気持ちをみてとったわるい女は、ハアハアと荒い息をしはじめ、気絶するふりをしました。男は、妻のそばにひざをつき、妻がふたたび目をあけたとき、その髪をなでながらいいました。

「いいよいいよ、おまえ。馬はあした殺してやるよ。」

その夕方、むすこが馬にえさをやりにいくと、馬は、ひどく元気がありませんでした。

「どうしたんだい、ぼくのかわいい馬？」と、子どもはたずねました。

「ああ、あんたにわかってさえいたらなあ！　いや、それでもどうしようもない。信じておくれ、きみのお父さんは、あすぼくを殺そうとしている。きみの、ままおっかさんが、ぼくの肝臓を食べたら病気がなおるとうそをついたんだ。ほんとうは、ただにおいをかぐだけですててしまうんだ、気持ちがわるいと見せてね。ぼくは、それが悲しいんだ。けど、ぼくのためより、きみのために二倍も悲しいんだよ。だって、ぼくがいなくなってしまったら、だれもきみをたすけてくれる者はだれもいなくなってしまう。

その夕方、むすこが馬にえさをやりにいくと、馬は、ひどく元気がありませんでした。

「どうしたんだい、ぼくのかわいい馬？」と、子どもはたずねました。

「きみのお父さんは、あすぼくを殺そうとしてる。きみの、ままおっかさんが、ぼくの肝臓を食べたら病気がなおるとうそをついたんだ。

ぼくがいなくなってしまったら、きみをたすけてくれる者はだれもいなくなってしまう。

むすこがどんなにさびしがるだろうと思いましたが、女があまりせがむので、しかたなく馬を殺すことにしました。

夕方、子どもがえさをやりにいくと、馬は、ひどく元気がありません。

「どうしたんだい、ぼくのかわいい馬？」と、子どもはたずねました。

「ああ、きみのお父さんは、あすぼくを殺そうとしている。

ぼくがいなくなったら、あの女は、きっときみも殺してしまうだろう。

けてくれる者がいなくなる。そうしたら、あの女は、しまいには、のぞみどおりきみを殺してしまうだろうからね。」

　子どもは、両うでを馬の首にまわし、そのあずき色のたてがみに顔をうずめて、はげしくすすりなきました。

「どうしたらいいの？　どうしたらいいの？」と、子どもは、この忠実な友にたずねました。

「ここにいて、あのよこしまな女のしたいようにさせるのは、ばかげています。いって、ぼくたちふたりが、二、三日食べられるくらいの食糧をとっていらっしゃい。そうしたら、にげだしましょう。ここにいても、なにひとついいことがあるわけではありませんからね。」

　子どもは、ふたつのふくろに食糧をつめ、馬屋にかくしておきました。そして、日の出前、ふたりはこっそりと庭から出ていきました。家を出たところで、むすこは馬にのり、馬は、全速力でかけだしました。

　家からずっと遠くはなれたところで、子どもは馬をおり、

「ここで、休んで、食事をしよう。」と、いいました。

そうしたら、あの女は、しまいには、のぞみどおりきみを殺してしまうだろう。」

　子どもは、両うでを馬の首にまわし、はげしくすすりなきました。

「どうしたらいいの？　どうしたらいいの？」と、子どもは、この忠実な友にたずねました。

「にげだしましょう。ぼくたちふたりが、二、三日食べられるくらいの食糧をとっていらっしゃい！」

　そして、日の出前、ふたりはこっそりと庭から出ていきました。家を出たところで、むすこは馬にのり、馬は、全速力でかけだしました。

ここにいて、あの女のしたいようにさせるわけにはいかない。

ふたりでここから、にげだそう。」

　ふたつのふくろに食糧をつめると、ふたりはこっそり家をはなれ、旅に出ました。森をぬけ川をわたり、ふたりは、長い間旅を続けました。

馬は、じっさい、休む必要がありました。そこで、ふたりは、泉のそばで、しばらく休みました。おなかいっぱい食べ、泉のつめたい水をたっぷりのんでから、ふたりは、また出かけました。馬は全速力でかけました。

とつぜん、子どもは、道ばたの草の中に金のゆびわがおちているのに気がつきました。

「これをひろってもいいだろうか?」と、子どもは馬にききました。

「もし、ひろったら、それは、きみにはいいことさ。もし、ひろわなかったら、それも、やっぱりいいことさ。」と、馬はこたえました。

子どもは、馬をおり、その小さなゆびわをひろって、肩にかけたかばんの中にいれました。

ふたりは、どんどんさきへいきました。長いことたって、むすこは、目の前のほこりの中に、金のてい鉄がおちているのに気がつきました。

「このてい鉄をひろってもいいだろうか?」と、むすこは、また馬にたずねました。

「もし、ひろったら、それは、きみにはいいことさ。ひろわなかったら、それもやっぱりいいことさ。」と、馬はこたえました。

むすこは、てい鉄をひろい、これもかばんに

とつぜん、子どもは、道ばたの草の中に金のゆびわがおちているのに気がつきました。

「これをひろってもいいだろうか?」と、子どもは馬にききました。

「もし、ひろったら、それは、きみにはいいことさ。もし、ひろわなかったら、それも、やっぱりいいことさ。」と、馬はこたえました。

子どもは、馬をおり、その小さなゆびわをひろって、かばんの中にいれました。

ふたりは、どんどんさきへいきました。長いことたって、むすこは、目の前のほこりの中に、金のてい鉄がおちているのに気がつきました。

「これをひろってもいいだろうか?」と、むすこは、また馬にたずねました。

「もし、ひろったら、それは、きみにはいいことさ。もし、ひろわなかったら、それもやっぱりいいことさ。」と、馬はこたえました。

ある時、子どもは、道ばたの草の中に小さな金の輪がおちているのに気がつきました。子どもは馬にたずねました。「これをひろってもいいだろうか?」

馬はこたえました。「もし、ひろったら、それは、きみにはいいことさ。もし、ひろわなかったら、それも、やっぱりいいことさ。」

子どもは、その小さな金の輪をひろうと、肩にかけていたかばんの中にいれました。

ふたりは、またどんどんさきへいきました。しばらくいくと、子どもは、目の前のほこりの中に、金のてい鉄がおちているのに気がつきました。

子どもは、また馬にたずねました。「これをひろってもいいだろうか?」

馬はこたえました。「もし、ひろったら、それは、きみにはいいことさ。もし、ひろわなかったら、それも、やっぱりいいことさ。」

いれました。

またさきへとすすみました。とつぜん、目の前の道のまん中に、金色の髪の毛が一本、くるくるとまるくなって光っているのが見えました。

「これをひろってもいいだろうか?」

「ひろっても、ひろわなくても、どっちにしても、きみにはいいことさ。」

子どもは、それをひろい、ほかの品といっしょに、かばんにいれました。

そこからあまりいかないうちに、白い町が見えてきました。

馬はとまっていいました。

「この町の皇帝は、美しい馬には目がありません。もし、わたしをこのままのすがたで見たら、きっとあなたからとりあげるでしょう。だから、どろをとってきて、わたしがひどい馬に見えるように、あちこちになすりつけてください。それから、皇帝のところにいって、馬丁にやとってくれとたのみなさい。」

子どもは、馬のいうとおりにして、町へはいりました。そして、まっすぐ皇帝のところへいって、馬丁として使ってくださいとたのみました。


むすこは、てい鉄をひろい、これもかばんにいれました。

またさきへとすすみました。とつぜん、目の前の道のまん中に、金色の髪の毛が一本、くるくるとまるくなって光っているのが見えました。

「これをひろってもいいだろうか?」

「ひろっても、ひろわなくても、どっちにしても、きみにはいいことさ。」

子どもは、それをひろい、ほかの品といっしょに、かばんにいれました。

そこからあまりいかないうちに、白い町が見えてきました。

馬はとまっていいました。

「この町の皇帝は、美しい馬には目がありません。もし、わたしをこのままのすがたで見たら、きっとあなたからとりあげるでしょう。だから、わたしがひどい馬に見えるように、どろをなすりつけてください。それから、皇帝のところにいって、馬丁にやとってくれとたのみなさい。」

子どもは、馬のいうとおりにして、皇帝のところへいきました。


子どもは、その金のてい鉄をひろい、これもかばんにいれました。

それから、またさきへとすすみました。すると、今度は、道のまん中に、金色の髪の毛が一本、まるまって光っているのが見えました。

子どもは馬にたずねました。「これをひろってもいいだろうか?」

馬はこたえました。「もし、ひろったら、それは、きみにはいいことさ。もし、ひろわなかったら、それも、やっぱりいいことさ。」

子どもは、その金の髪の毛をひろい、ほかの品といっしょに、かばんにいれました。

そこからあまりいかないうちに、大きな町が見えてきました。馬はとまっていいました。

「この町の皇帝は、美しい馬に目がありません。もし、このままのすがたでわたしを見たら、きっととりあげようとするでしょう。だから、わたしがひどい馬に見えるように、体中にどろをなすりつけてから、皇帝のところにいって、馬丁としてやとってもらいなさい。」

そこで、少年は、皇帝のところへいって馬

これをきくと、皇帝は、おおわらいをしていいました。

「おまえは、自分の馬の手いれをすることさえ知らんじゃないか、小僧。それで、どうやって、わしのお気にいりの六頭のめんどうが見られるというんじゃ？」

「ご心配にはおよびません、陛下。どうぞ、わたしを馬丁に任命してください。はずかしくないだけの仕事はいたしますから。」

皇帝は、ひとつじょうだんにやってみるのもおもしろかろうと思って、とうとうむすこをやといいれました。そして、ほかの馬丁たちにいいつけて、半分死にかかっているような、いちばんわるい馬を六頭えらんで、この子にせわをさせるようにといいました。

少年は、自分の役目を、できるだけりっぱにはたそうといっしょうけんめいつとめましたので、六週間たつと、あのみっともない馬が、皇帝の馬屋の中で、いちばんみごとな馬にかわりました。

皇帝は、少年の仕事ぶりにおどろき、おおよろこびしました。けれども、おもしろ半分に、もう一度、この子に、のりつぶされてすっかり

そして馬丁にやとってくれ、というと、皇帝は、おおわらいをしていいました。

「おまえは、自分の馬の手いれをすることさえ知らんじゃないか。」

「いいえ、きっと、はずかしくないだけの仕事はいたします。」

皇帝は、むすこをやといいれました。

そして、半分死にかかっているような馬を六頭えらんで、この子にせわをさせるようにしました。

少年は、いっしょうけんめいつとめましたので、六週間たつと、その馬は、皇帝の馬屋の中で、いちばんみごとな馬にかわりました。


丁として使ってくださいとたのみました。

これをきくと、皇帝は、おおわらいをしていいました。

「おまえは、自分の馬の手いれさえ満足にはできんじゃないか。それで、どうして、わしのお気にいりの六頭のめんどうが見られるというのじゃ？」

けれども、皇帝は、ひとつじょうだんにやらせてみるのもおもしろかろうと思って、皇帝の馬屋の中でいちばんわるい馬を六頭えらんで、この少年にせわをさせるようにといいました。

少年は、いっしょうけんめいつとめましたので、六週間たつうちに、その六頭は、皇帝の馬屋の中で、いちばんみごとな馬にかわりました。

皇帝は、少年の仕事ぶりにおどろき、もう一度、のりつぶされた馬を六頭えらんで、この少年にせわをさせるようにといいつけまし

だめになっている馬を六頭、せわさせるように馬丁たちにいいつけました。

少年は、今度もいっしょうけんめい仕事をしたので、しばらくたつうちに、この六頭も、さきのと同じように、よく手いれされて、見ばえのする馬になりました。

さて、少年は、またべつの六頭をあたえられ、つぎにまた六頭というように、つとめていき、とうとう皇帝の馬屋の馬で、少年の手にかかってない馬は一頭もないまでになりました。少年は、すっかり皇帝の気にいられ、皇帝は、だれにむかっても、この少年の仕事ぶりをほめました。

ところが、このことは、ほかの馬丁たちのねたみを買いました。そこで、みんなは、どうしてこの少年が、あのようにおどろくほどうまく仕事をやってのけたのか、そのひみつをなんとかさぐりだしたいと思って、この子のすることをものかげからこっそり見ていました。すると、ある日、少年が馬の腹の下になにか投げたのが見えました。馬丁たちは、走っていって、ひったくるようにその品ものを地面から、ひろいあげました。それは、なんだったでしょう？ あ

少年は、またべつの六頭を、つぎにまた六頭をというように、つとめていき、とうとう皇帝の馬屋の馬は、みな、少年の手にかかり、よく手いれされて、見ばえのする馬になりました。少年は、すっかり皇帝の気にいられるようになりました。

ところが、このことは、ほかの馬丁たちのねたみを買いました。みんなは、少年があのように仕事をうまくやってのけたひみつをさぐりたいと思って、この子のすることをものかげからこっそり見ていました。するとある日、少年が馬の腹の下になにか投げたのが見えました。馬丁たちは、走っていって、ひったくるようにその品ものを地面から、ひろいあげました。それはなんだったのでしょう？ それは、あの金のゆびわと、

た。

少年は、今度もりっぱに仕事をやりとげました。

こうして、少年は、またべつの六頭をあたえられ、つぎにまた六頭というように、つとめていき、とうとう皇帝の馬屋の中で、少年の手にかからない馬は一頭もないまでになりました。少年は、皇帝に気にいられ、皇帝は、だれにむかっても、この少年の仕事ぶりをほめました。

ところが、このことは、ほかの馬丁たちのねたみを買いました。そこで、みんなは、どうして、この少年が、あのようにうまく仕事をやってのけたのか、そのひみつをさぐりだそうとして、少年のすることをものかげからこっそり見ていました。ある日、少年が馬の腹の下になにかを投げいれているのが見えました。馬丁たちは、とびだしていって、ひったくるようにその品ものをひろいあげました。それは、あの金の輪と、金のてい鉄と、金の

の金のゆびわと、金のてい鉄と、金の髪の毛でした。

いじのわるい馬丁たちは、すぐに皇帝のところへいき、あの少年は、魔法使いだといいつけました。

皇帝は、このわるい男たちのいうことを信じ、すぐさま少年をよびつけて、きびしくこういいわたしました。

「三日以内に、いま、おまえがもっているのとそっくり同じ金の輪を足にはめたアヒルをもってこい。さもなければ、おまえを殺す。」

少年は、だまっておじぎをして、ひきさがりましたが、心配でたまりませんでした。

少年の顔からきゅうにいつものわらいがきえたのを見て、馬はたずねました。

「どうしたんだね？」

少年は、おこったことをのこらず話しました。

「心配することはありません。」と、馬はいいました。「仕事は、そんなにむずかしいことではありません。皇帝にいって、鏡をなん枚かもらいなさい。それから、かばんにカラス麦をいれて、わたしにおのりなさい。わたしが、正しい場所につれていってあげます。」

金のてい鉄と、金の髪の毛でした。

いじのわるい馬丁たちは、すぐに皇帝のところへいき、あの少年は、魔法使いだといいつけました。

皇帝は、このわるい男たちのいうことを信じ、すぐさま少年をよびつけて、きびしくこういいわたしました。

「三日以内に、いま、おまえがもっているのとそっくり同じ金の輪を足にはめたアヒルをもってこい。さもなければ、おまえを殺す。」

少年は、心配でたまりませんでした。

そして、おこったことをのこらず馬に話しました。

「心配することはありません。皇帝にいって、鏡をなん枚かもらいなさい。そしたらわたしがアヒルのいる場所につれていってあげます。」

髪の毛でした。

馬丁たちは、すぐに皇帝のところへいき、あの少年は、魔法使いだといいつけました。

皇帝は、これを信じ、すぐさま少年をよびつけて、こういいわたしました。

「三日以内に、おまえの金の輪と、そっくり同じ輪を足にはめたアヒルをもってこい。さもなければ、おまえを殺す。」

少年は、だまっておじぎをして、ひきさがりましたが、どうしたらよいのかわかりませんでした。少年の顔からわらいがきえたのを見て、馬はどうしたのかとたずねました。

少年は、皇帝の命令をうちあけました。

「心配することはありません。」と、馬はいいました。

「皇帝のところにいって、鏡を三枚もらっていらっしゃい。わたしが、金の輪をはめたアヒルのいる場所につれていってあげます。」

少年は、いうとおりにしました。そして、まもなく宮殿をはなれました。

馬は、少年をのせて、どんどんすすんでいきました。そして、やがて、美しいみどりの谷へやってきました。谷には、小川が流れていました。馬はとまって、少年のほうへ頭をむけていいました。

「さあ、あそこにある橋へいって、水がうつるように橋げたに鏡を立てかけなさい。そして、かくれて、アヒルがくるのをまっていなさい。そして、アヒルたちが、鏡にうつった自分のすがたに見とれているあいだに、とびだしていってそのうちの一羽をつかまえるのです。わたしは、草を食べながらまっています。」

少年は、いわれたとおりにしました。やぶのかげに身をかくしていると、まもなく水のはねる音がして、アヒルたちが水にとびこみ、およぎまわってあそびはじめました。アヒルたちがあんまり美しかったので、少年は、その目をうばうような色と、すんなりしたかたちに見とれて、自分がなにをするはずだったのかわすれるほどでした。けれども、アヒルたちが鏡の前で、自分たちのすがたをながめているときに、水に

少年は、いうとおりにしました。

馬は、少年をのせて、小川が流れているところにきました。

馬はとまって、少年のほうへ頭をむけていいました。

「水がうつるように橋げたに鏡を立てかけなさい。そして、かくれて、アヒルがくるのをまっていなさい。そして、アヒルたちが、鏡にうつった自分のすがたに見とれているあいだに、とびだしていってそのうちの一羽をつかまえるのです。」

少年は、いわれたとおりにしました。


少年は、いわれたとおりにして、馬と宮殿を出ました。

馬は、少年をのせて、美しいみどりの谷へやってきました。谷には、小川が流れていました。馬はとまって、いいました。

「あそこの橋げたのところへいって、鏡に水がうつるように立てかけていらっしゃい。そして、やぶにかくれて、アヒルがくるのをまちなさい。アヒルたちが、鏡にうつった自分のすがたに見とれているあいだに、とびだしていってそのうちの一羽をつかまえるのです。」

少年は、いわれたとおりにしました。やぶに身をかくしていると、まもなく水音がきこえ、美しいアヒルの群れがおよいできました。

あそびまわるアヒルたちが、鏡にうつった自分のすがたに見とれているうちに、少年はと

とびこんで、その一羽をつかまえました。ほかのアヒルたちは、おおさわぎをして、つばさをバタバタいわせながらにげていきました。

少年がつかまえたのは、大きなおすのアヒルでした。それは、ながめているだけでほれぼれするほど美しく、左の足に、金の輪がはまっていました。

馬が、すぐさまかけてきました。少年は、馬にのり、ふたりは出かけました。

日がしずむころ、ふたりは、宮殿につきました。少年は、このみごとな鳥を皇帝のところにもっていきました。皇帝は、たいへんよろこびました。けれども、この若い馬丁をまだ信用しませんでした。

「さて、今度は、金のてい鉄をはめた種馬を一頭つれてこい。もし、三日以内につれてこなければ、殺すからそう思え。」

少年は、だまって、御前をさがり、このことを馬にうちあけました。すると、忠実な生きものはいいました。

「これは、ちょっとむずかしくなりそうです。でも、やってみましょう。わたしに、大きな上着をつくってください。そして、それに灰をい

少年がつかまえたのは、大きなおすのアヒルでした。それは、ながめているだけでほれぼれするほど美しく、左の足に、金の輪がはまっていました。

日がしずむころ、ふたりは、宮殿に帰りつきました。少年は、このみごとな鳥を皇帝のところにもっていくと、皇帝は、たいへんよろこびました。けれども、この若い馬丁をまだ信用しませんでした。

「さて、今度は、金のてい鉄をはめた種馬を一頭つれてこい。もし、三日以内につれてこなければ、おまえを殺す。」

少年は、このことを馬にうちあけました。すると、忠実な生きものはいいました。

「これは、ちょっとむずかしくなりそうです。わたしに、大きな上着をつくってください。そして、それに灰をいっぱいつめてください。

びだしていって、そのうちの一羽をつかまえました。

それは、ほれぼれするほど美しく、大きなおすのアヒルで、左足に、小さな金の輪をはめていました。

馬が、すぐさまかけてきました。少年は、馬にのり、宮殿に帰りました。

このみごとなアヒルを見ると、皇帝は大よろこびしましたが、まだ少年を信用しませんでした。

そこで今度は、「金のてい鉄をはめた種馬を一頭つれてこい。三日以内につれてこなければ、おまえを殺す。」と、いいました。

少年が、この命令をうちあけると、忠実な馬はいいました。

「これは、ちょっとむずかしくなりそうです。わたしに、灰をつめた大きな上着をつくってください。それから、はづなと、さきが三つ

っぱいつめてください。それから、はづなと、さきが三つにわかれたむちをひとつ用意してください。あとは、もう心配することはありません。」

　少年は、今度もいうとおりにしました。ふくろにする麻布を買って、それを馬の形――ただそれよりずっと大きめにたって、ぬいました。それから、それに灰をつめて、くらにむすびつけました。

　つぎの日の夜あけ、ふたりは、広びろした野原を、全速力でかけていきました。川につくと、馬はいいました。

「上着をわたしに着せて、灰がこぼれないよう口のところをぬってください。それから、やぶの中にかくれて、わたしのすることを見ていなさい。むこう岸に、馬が一団見えるでしょう?　あれは、みな金のてい鉄をはめています。わたしは、あの中の頭《かしら》の馬と戦ってきます。わたしもあいてもつかれたら、わたしたちはひと休みします。このときをねらうのです。すばやくやらなくちゃいけませんよ。そいつの首に、はづなをかけて、くらにとびのりなさい。そしたら、やつをひいて帰りましょう――もし、戦ってい

それから、はづなと、さきが三つにわかれたむちをひとつ用意してください。」

　少年は、今度もいうとおりにしました。

　つぎの日の夜あけ、ふたりは、川にやってきました。

「上着をわたしに着せて、灰がこぼれないよう口のところをぬってください。それから、かくれて、わたしのすることを見ていなさい。むこう岸に、馬が一団見えるでしょう?　あれは、みな金のてい鉄をはめています。わたしは、あの中の頭《かしら》の馬と戦ってきます。わたしもあいてもつかれたら、わたしたちはひと休みします。このときをねらうのです。すばやくそいつの首に、はづなをかけて、くらにとびのりなさい。そしたら、やつをひいて帰りましょう。」

にわかれたむちを一本用意してください。」

　少年は、麻布で馬の形の大きなふくろをぬい、それに灰をつめて上着をつくると、くらにむすびつけて出発しました。

　野原をかけぬけ、つぎの日の明け方、川につくと、馬はいいました。

「灰をつめた上着をわたしに着せてください。むこう岸に、金のてい鉄をはめた馬の一団が見えるでしょう?

わたしは、これから、あの中の頭《かしら》の馬と戦います。あなたは、やぶにかくれて見ていてください。

そして、戦いのすきをねらって、頭の首に、はづなをかけ、すばやくとびのって、宮殿に

るさいちゅうに、やつがわたしにひどくけがをさせなければね。もし、そういうことになったら、あなたは、わたしのことはほうっておいて、すぐににげなくてはだめですよ、命があぶないですからね。」

少年は、愛情をこめて馬にキスしました。そして、いわれたとおりにして、走っていってしげみの中にかくれました。少年がすがたをけすと、馬は、いないて、川へとびこみ、川の中ほどまでおよいでいって、それからひきかえしました。

むこう岸の馬は、草を食べるのをやめて、ふりむいて、少年の馬を見ました。けれども、どの馬も動きませんでした。

少年の馬は、もう一度、そして、もう一度川にのりいれました。三度めに水からあがったとき、一頭がむれをはなれ、しばらくためらっていたかと思うと、ざんぶと水にとびこみ、川をおよぎきって、少年の馬が、しずかにまちうけているところへあがってきました。

さあ、はげしい戦いがはじまりました。二頭は、おたがいにはげしくかみあいました。少年の馬がかんだところからは、血が流れましたが、

少年は、愛情をこめて馬にキスしました。そして、走っていってしげみの中にかくれました。馬は、いないて、川へとびこみ、川の中ほどまでおよいでいって、それからひきかえしました。

むこう岸の馬は、草を食べるのをやめ、ふりむいて、少年の馬を見ました。けれども、どの馬も動きませんでした。少年の馬は、もう一度、そして、もう一度川にのりいれました。三度めに水からあがったとき、一頭がむれをはなれ、川をおよぎきって、少年の馬が、まちうけているところにあがってきました。

二頭は、おたがいにはげしくかみあいました。少年の馬がかんだところからは、血が流れましたが、あいての馬がかんだところから

むかって走るのです。」

少年は、馬をだきしめると、やぶにかくれました。
すると、馬はひと声大きくいないて、川へとびこみ、中ほどまでおよいでいってからひきかえしました。

むこう岸の馬たちは、草を食べるのをやめて、ふりむきましたが、一頭も動きませんでした。少年の馬は、もう一度、そして、もう一度、川にのりいれました。

少年の馬が三度めに水からあがったとき、頭の種馬が水にとびこみ、川をわたって、少年の馬が、しずかにまちうけている岸へあがってきました。

戦いがはじまりました。二頭は、たがいにはげしくかみあいました。少年の馬がかんだところからは、血が流れましたが、あいての

あいての馬がかんだところからは、灰がとびちっただけでした。戦いは、やぶの中で見ている少年にとっては、永久につづくかと思うほど長くつづきました。少年の馬からは、灰がほとんど出てしまっていました。そして、種馬のからだは、血だらけでした。このとき、二頭は、まるで地面に根でもはえたように、ぴたっと動くのをやめました。

　少年は、ひとっとびでその場にとびだしていきました。そして、種馬の首にはづなをかけると、くらにとびのり、三本にわかれたむちをならして、町へむかってとぶように走りだしました。

　むこう岸にいた馬は、これを見ると、われさきに川へとびこみ、およぎわたると、少年たちのあとを追ってきました。ほんとうのところ、これは、みんなめす馬だったので、自分たちのゆうかんな指導者にしたがってきたのです。

　皇帝は、へやの中にすわっていましたが、雷のような音がきこえたので、いったいなにごとかとまどのところへいってみました。すると、大通りを馬の一団が、土けむりをまきおこしながら気ちがいのように疾走してくるのが見えま

は、灰がとびちっただけでした。戦いは長くつづきました。

少年の馬からは、灰がほとんど出てしまっていました。そして、種馬のからだは、血だらけでした。このとき、二頭は、ぴたっと動くのをやめました。

　少年は、ひとっとびでその場にとびだしていきました。そして、種馬の首にはづなをかけると、くらにとびのり、三本にわかれたむちをならして、町へむかってとぶように走りだしました。

　むこう岸にいた馬は、少年たちのあとを追ってきました。これは、みんなめす馬で、自分たちのゆうかんな頭にしたがってきたのです。

　宮殿にいた皇帝は、雷のような音がきこえたので、いったいなにごとかとまどのところへいってみました。すると、大通りを馬の一団が、土けむりをまきおこしながら疾走してくるのが見えました。まばゆい日光の中でな

馬がかんだところからは、灰がとびちっただけでした。戦いは、永遠につづくかと思われました。

少年の馬の上着からは、灰がすっかり出てしまい、頭のからだは、血だらけになりました。と、そのとき、二頭は、まるで地面に根がはえたかのように、ぴたっと動きをとめました。

　少年は、すかさず、その場にとびだすと、頭の首にはづなをかけ、すばやくとびのり、むちをならして、宮殿へとむかいました。

　むこう岸のめす馬たちは、これを見ると、われさきに川をわたり、頭の馬を追ってかけだしました。

　さて、皇帝は、宮殿の中にいましたが、雷のようなとどろきがきこえたので、なにごとかと外をうかがいました。すると、大通りを馬の一団が、土けむりをあげてかけてくるのが見えました。まばゆい日の光の中でなにか

した。まばゆい日光の中でなにかがキラキラ光るのを見て、皇帝は、これが、金のてい鉄をはめた馬だとわかりました。そこで、大声で召使いたちに命じて、門を広くあけさせました。けらいたちが門をあけるのと、少年が一団の馬をひきつれてとびこんでくるのと同時でした。

　皇帝は、これにはおおよろこびしましたが、ほかの馬丁たちは、いままでよりもっと少年をねたみました。そして、このままではすまさぬとばかり、あることないこと皇帝にいいつけました。皇帝は皇帝で少年が、三つめの仕事もうまくやりとげるかどうかやらせてみたくなりました。そこで、今度は、金の髪の少女をつれてくるように、それができぬとあらば殺してしまうとおどしました。

　少年は、もう一度馬に相談しました。

「これは、いままでのうちで、いちばんむずかしい仕事になりそうです。でも、やらなければなりますまい。これまで、うまくやってきたのですから。運命は、もう一度、わたしたちになさけをかけてくれるかもしれません。しかし、今度の命令は、ほかのふたつより時間がかかります。皇帝の倉から、真珠と宝石をもらって、

にかがキラキラ光るのを見て、皇帝は、これが、金のてい鉄をはめた馬だとわかりました。けらいたちが門をあけるのと、少年が一団の馬をひきつれてとびこんでくるのと同時でした。

　皇帝は、これにはおおよろこびしましたが、ほかの馬丁たちは、いままでよりもっと少年をねたみました。そして、あることないこと皇帝にいいつけました。皇帝は皇帝で、少年が、三つめの仕事もうまくやりとげるかどうかやらせてみたくなりました。そこで、「今度は、金の髪の少女をつれてこい。それができぬとあらば、おまえを殺す。」

　少年は、もう一度馬に相談しました。

「これは、いままでのうちで、いちばんむずかしい仕事になりそうです。

皇帝の倉から、真珠と宝石をもらって、きれ

がキラキラ光るのを見て、皇帝は、これが、金のてい鉄をはめた馬だとわかりました。

そこで、大声で命じて、門を広くあけさせると、少年が一団の馬をひきつれてとびこんできました。

　皇帝は、これにはおおよろこびしましたが、少年が三つめの仕事もうまくやりとげるかどうか、試してみたくなりました。

そこで、今度は、「金の髪の少女をつれてこい。それができぬとあらば殺してしまう。」とおどしました。

　少年は、もう一度馬に相談しました。

「これは、いままでのうちで、いちばんむずかしい仕事になりそうです。でも、やりとげなければなりますまい。

皇帝の倉から、真珠とルビーをもらって、き

きれいな服を着なさい。それから出かけて運だめしをしましょう。」

こうしてふたりは、出かけましたが、長いあいだ、だれにも会いませんでした。やがてある森にやってきました。どんどん森のおく深くはいっていくと人のいかないところに、一軒のうちがありました。この家に、ひとりのばあさんがいて、金の髪の毛をした少女をおりにいれて、へやにとじこめ、そのへやに三つもかぎをかけていました。

少年は、馬と、ふたことみことことばをかわし、それから、ばあさんのところへいってこういいました。

「おばあさん、ぼくを召使いにやとってくれませんか?」

ばあさんは、少年を頭のてっぺんから足のさきまでじろじろとながめました。からだはしっかりしてじょうぶそうだし、仕事はできそうだ、わたしも年をとって弱ってきたから手がほしいことでもあるし……と考えて、ばあさんはいいました。

「よかろう、やとってやろう。ただし、七年間ここで働くとやくそくすればの話だが。」

いな服を着なさい。それから出かけて運だめしをしましょう。」

ふたりは、出かけました。やがてある森にやってきました。どんどん森のおく深く、はいっていくと、一軒のうちがありました。馬は、とまっていいました。

「この家に、ひとりのばあさんがいて、金の髪をした少女をおりにいれて、へやにとじこめ、そのへやに三つもかぎをかけています。いって召使いにやとってもらいなさい。すきをみて、金の髪の少女を助けだしましょう。」

少年は、いわれたとおり、ばあさんのところにいき、召使いにやとってくれるようにたのみました。

ばあさんは、少年を頭のてっぺんから足のさきまでじろじろとながめてからいいました。

「やとってやろう。ただし、七年間ここで働くこと、三つのかぎがかかっているへやをけっして見ないことをやくそくすればの話だがね。」

れいな服を着ていらっしゃい。」

少年はしたくができると、馬にまたがり、旅に出ました。ふたりは、長いあいだ、だれにも会いませんでしたが、やがてある森につきました。どんどんおくへ歩いていくと、家が一軒ありました。馬はとまっていいました。

「この家には、魔女がいて、金の髪のおとめをとじこめています。あなたは魔女のばあさんのところにいって、やとってもらってください。すきをみて金の髪のおとめをたすけだしましょう。わたしは森で待っています。」

少年は、魔女のところへいき、やとってくれるようにたのみました。

ばあさんは、しげしげと少年を見ると、いいました。

「七年の間ここで働くとやくそくすればやとってやろう。だが、わしがかぎを三つかけてあるへやをけっして見てはいけない。もしこのいいつけにそむいたら、おそろしい目にあわせるぞ。」と、いいました。

少年は承知し、すぐその日から働きはじめました。

　こうやって長いこと働きましたが、思いどおりにことをはこぶみこみはいっこうにありませんでした。あのぬけめのないばあさんは、いっときたりとも、この若者をひとりで家においておかなかったからです。若者は、いまでは、金の髪のおとめのいるおりがどこにあるか知っていました。けれども、それがなんになるでしょう？

　馬は、このあいだ、小屋から遠くない森でくらしていました。おいしい、みどりの草を食べ、おいしい露をのみ、ぜんたいとして、この平和なくらしが気にいって、しあわせでした。

　馬と若者は、ときどき会っておしゃべりをしましたが、そうしているところをけっしてばあさんに見られないように、よくよく気をつけました。ある日、とうとう若者は、いいました。

「もう、こんなことがまんができないよ。ばかみたいな仕事に、つくづくいやけがさしてきた。あのみにくい魔女ばあさんにやとわれてから、もう三年たつっていうのに、まだ金の髪のおとめを一度だって見ていない。今度ばかりは、皇

少年は承知し、すぐその日から働きました。

　こうやって長いこと働きましたが、思いどおりにことをはこぶ見こみはいっこうにありませんでした。あのぬけめのないばあさんは、いっときたりとも、この若者をひとりで家においておかなかったからです。

　馬は、このあいだ、小屋から遠くない森でくらしていました。

　馬と若者は、ばあさんに見られないようにして、ときどき会っておしゃべりをしました。

「あの魔女ばあさんにやとわれてから、もう三年たつっていうのに、まだ金の髪のおとめを一度だって見ていない。今度ばかりは、皇

少年は承知し、すぐその日から働きはじめました。

　こうして長い時が流れましたが、思いどおりにことをはこぶ見こみはいっこうにたちませんでした。

　若者は、ときどき魔女にかくれて、馬に会いにいきましたが、ある日、とうとうこういいました。

「あのばあさんにやとわれてから、もう三年もたつというのに、まだ金の髪のおとめを一度も見ていない。今度ばかりは、皇帝ののぞ

帝の命令を実現するのはあきらめなきゃならないと思うよ。」

「いま少しのしんぼうですよ。」と、馬はいいました。「わたしに、あなたのもってきた宝石を三つください。そして、くよくよするのはやめなさい。」

若者は、かばんのかくしから宝石を三つ出して馬にわたしました。そのあと、ふたりはすぐわかれました。

つぎの朝、一頭の馬が、ばあさんの家のまどのすぐ前までとことことはいってきました。もちろん、それは若者の馬でした。けれども、ばあさんは、そのことを知りません。ばあさんが見ていると、馬は、きみょうなしぐさをしました。ひづめで地面をほり、しじゅう下ばかり見ているのです。

と、とつぜん、ばあさんが息をきらしておもてへとびだしました。というのは、ついいままで馬のひづめのあったところに、ルビーがひとつ光っているのが見えたからです。ばあさんがルビーをひっつかもうと身をかがめたとたん、馬は、おどろいたようににげました。ばあさんは、ハアハア息をきらしながらあとを追いまし

帝の命令をやりとげるのはあきらめなきゃならないと思うよ。」

「いま少しのしんぼうですよ。」と、馬はいいました。「わたしに、あなたのもってきた宝石の中からルビーを三つください。そして、くよくよするのはやめなさい。」

若者は、かばんのかくしからルビーを三つ出して馬にわたしました。

つぎの朝、一頭の馬が、ばあさんの家のまどのすぐ前までとことことはいってきました。もちろん、それは若者の馬でした。

ばあさんが見ていると、馬は、きみょうなしぐさをしました。ひづめで地面をほり、しじゅう下ばかり見ているのです。

と、とつぜん、ばあさんが息をきらしておもてへとびだしました。ついいままで馬のひづめのあったところに、ルビーがひとつ光っているのが見えたからです。

ばあさんがルビーをひっつかもうと身をかがめたとたん、馬は、おどろいたようににげました。ばあさんは、ハァハァ息をきらしな

みをかなえることはできないよ。」

「くよくよするのはおよしなさい。」と、馬はいいました。「わたしに、あなたのもってきたルビーを三つください。」

若者は、かばんのかくしからルビーを三つとり出すと馬にわたしました。

つぎの朝、若者の馬は、魔女の家のまどのところにやってきました。

ばあさんが見ていると、馬は下をむいて、ひづめで地面をほっています。

とつぜん、ばあさんはおもてへとびだしました。馬がほっていたところに、ルビーがひとつ光っているのが見えたのです。

ばあさんがルビーをひろおうとしたとたん、馬は、おどろいたようににげだしました。ばあさんは、息をきらして追いかけました。馬

た。馬のひづめからふたつめのルビーがころがりおちたとき、ばあさんは、あっと息をのみました。ひろおうとして、ばあさんはつまずいてころびました。馬は、その場にくぎづけになったように立ちどまり、ばあさんが立ちあがると、またもうれつないきおいで走りだしました。ばあさんは、よろよろよろめきながら馬のあとを追い、まもなく三つめのルビーを見つけました。そのあと、ばあさんがふらふらとからだをおこしたときには、馬のすがたはもうどこにも見えませんでした。

ばあさんは、草の上にすわりこんで、長いことなきわめいていました。馬がいなくなったのをなげいてのことです。もっと若くて、はやく走れさえしたら、もっとたくさん宝石をとることができたのにと思ったのです。けれども、馬のもどってくるけはいもなく、こうしていてもしょうがないとわかると、ばあさんはなさけない、悲しい気持ちで、ふた足み足歩くごとにためいきをつきながら家へ帰りました。

うちへ帰ると、ばあさんは、若者にいいました。

「おまえは、わたしがいつもかぎを三つかけて

がらあとを追いました。馬のひづめからふたつめのルビーがころがりおちたとき、ばあさんは、あっと息をのみました。ひろおうとして、ばあさんはつまずいてころびました。馬は、その場に立ちどまり、ばあさんが立ちあがると、もうれつないきおいで走りだしました。ばあさんは、よろよろよろめきながら馬のあとを追い、まもなく三つめのルビーを見つけました。そのあと、ばあさんがふらふらとからだをおこしたときには、馬のすがたはもうどこにも見えませんでした。

ばあさんは、草の上にすわりこんで、長いことなきわめいていました。もっと若くて、はやく走れさえしたら、もっとたくさんのルビーをとることができたのにと思ったのです。

ばあさんはなさけない気持ちで、家へ帰りました。

のひづめからふたつめのルビーがころがりおちたとき、ばあさんは、あわててひろおうとして、つまずいてころびました。馬は、その場にくぎづけになったように立ちどまり、ばあさんが起きあがると、また走りだしました。ばあさんは、よろめきながら馬のあとを追い、まもなく三つめのルビーを見つけましたが、馬のすがたはもうどこにも見えませんでした。

ばあさんは家へ帰ると、若者にいいました。

「わしがかぎを三つかけてあるへやをけっし

しめてあるへやをけっして見ないようにといってあるのをおぼえているね。きょうからは、もうひとつ、わたしのベッドの下にあるすやきのつぼにさわらぬよういっておく。もし、このいいつけにそむいたら、おそろしい目にあうからね。」

　若者がへやを出ていくと、ばあさんは、ルビーをつぼにいれました。いれながら、あの馬さえもう一度このあたりにやってきたら、このつぼを宝石でいっぱいにすることができるんだがと思いました。

　つぎの日、馬と若者は、森の中でこっそり会いました。ふたりとも前の日にやったたくらみがうまくいったのでおおよろこびし、おおわらいしました。馬は、いいました。

「そのうちに、わたしは、もういっぺんあの家の前へいきます。そして、魔女のやつをうんと遠くまでおびきだしてやります。そのまに、あんたは禁じられたへやの戸をやぶり、おとめをつれだして、魔女が走っていったのと同じ方角に走ってきてください。」

　七日めに、魔女が、おとめにきょうの仕事をいいつけようとしているときに、馬がすがたを

　うちへ帰ると、ばあさんは、ルビーをつぼにいれました。いれながら、あの馬さえもう一度このあたりにやってきたら、このつぼをルビーでいっぱいにすることができるんだがと思いました。

　つぎの日、馬と若者は、森の中でこっそり会いました。ふたりとも前の日にやったたくらみがうまくいったのでおおよろこびし、おおわらいしました。馬は、いいました。

「残りの真珠や宝石をください。七日たったら、わたしは、もういっぺんあの家の前へいきます。そして、魔女のやつをうんと遠くまでおびきだしてやります。そのまに、あんたは禁じられたへやの戸をやぶり、おとめをつれだして、魔女が走っていったのと同じ方角に走ってきてください。」

　七日めに、魔女が、戸のかぎをあけ、おと

て見てはいけないといったのをおぼえているな。きょうからは、わしのベッドの下にあるすやきのつぼにさわってもいけない。もし、このいいつけにそむいたら、おそろしい目にあわせるぞ。」

　つぼにルビーをかくしながら、ばあさんは、もう一度あの馬がきたら、このつぼをいっぱいにすることができるぞ、と思いました。

　つぎの日、若者は、こっそり馬に会いにいきました。

すると、馬は、いいました。

「七日たったら、わたしは、もういっぺん、魔女のやつをうんと遠くまでおびきだしてやります。そのまに、あなたは禁じられたへやの戸をやぶり、おとめをつれて、魔女のあとを追ってきてください。」

　七日めに、馬がすがたをあらわすと、魔女

見せました。魔女は、うちからとびだして馬のあとを追いました。とちゅう、馬のひづめからおちた真珠や宝石をひろうために、ところどころでかがみながら。

若者は、いつもならこの時間は畑をたがやしているはずでしたが、きょうは、やねうらのほし草の中にかくれて、そこにある小さなまどから外を見ていました。女主人が家からかけだしていくのを見ると、若者は、いそいで下へおり、かぎをひとつだけあけて（というのは、魔女は、かぎを三つともかけるまがなかったのです）さっと戸をおしひらきました。いっしゅん、若者は、めくらになったように立ちすくみました。少女の金の髪のまばゆさに、目がくらんだのです。

若者を見ると、少女はせきをきったようにいいました。

「ああ、後生ですから、わたしをここからすくいだしてください。この魔女は、もう四年もわたしをとじこめているのです。お礼は、いくらでもします。とにかく、ここから出してください。おねがいです！」

若者は、おとめをうでにだきあげると、魔女

めにきょうの仕事をいいつけようとしているときに、馬がすがたを見せました。魔女は、かぎをかけるのもわすれて、うちからとびだし、馬のひづめからおちた真珠や宝石をひろおうと馬のあとを追いました。

若者は、やねうらのほし草の中にかくれていました。女主人が家からかけだしていくのを見ると、いそいで下へおり、さっと戸をおしひらきました。

いっしゅん、若者は、少女の金の髪のまばゆさに、目がくらみました。

若者を見ると、少女はせきをきったようにいいました。

「わたしをここからすくいだしてください。この魔女は、もう四年もわたしをとじこめているのです。

おねがいです！」

若者は、おとめをうでにだきあげると、魔

は、あわててあとを追いました。

若者は、魔女が家からかけだしていくのを見ると、いそいで禁じられたへやの戸をやぶりました。

いっしゅん、若者は、おとめの金の髪のまばゆさに、目がくらみました。

若者を見ると、おとめはせきをきったようにいいました。

「ああ、どうかたすけてください。もう四年もここにとじこめられているのです。」

若者は、おとめをつれて、魔女のあとを追

のあとを追って走りました。魔女は、馬のひづめからおちるものを、なにひとつ見おとすまいとおいぼれの目をこらしていたので、一度もあとをふりかえりませんでした。馬は、このとき、川へついていました。ばあさんは、地面ばかり見ていたので、水の中へおちてしまいました。馬が川の中から、若者のほうをふりかえったときには、おぼれた魔女の頭がしずんだあたりに、さざなみの輪がひろがっているだけでした。

若者は、おとめをだいたまま、くらにとびのりました。そして、できるだけはやく走って、皇帝の宮殿に帰りました。

皇帝は、美しい金色の髪のおとめをひと目見ただけで、すっかり心をうばわれました。そして、おとめを宮殿にとめておくことにしました。けれども、つぎのしゅんかん、おとめが、りりしい美しい若者になった自分の馬丁に愛情のこもったまなざしを投げるのを見て、しっとに心がやかれる思いがしました。おとめは、皇帝の目の前で、この若者を両うでにだきました。この日のうちにでもおとめと結婚したいと思っていた皇帝は、これを見てかんかんになり、召使いにむかってどなりました。

女のあとを追って走りました。魔女は、馬のひづめからおちるものを、なにひとつ見おとすまいとおいぼれの目をこらしていたので、一度もあとをふりかえりませんでした。馬は、このとき、川へついていました。魔女は、地面ばかり見ていたので、水の中へおちて、おぼれて死んでしまいました。

若者は、おとめをだいたまま、くらにとびのりました。そして、できるだけはやく走って、宮殿に帰りました。

皇帝は、美しい金の髪のおとめをひと目見ただけで、すっかり心をうばわれました。けれども、つぎのしゅんかん、おとめが、りりしい美しい若者になった自分の馬丁に愛情のこもったまなざしを投げ、若者を両うでにだくのを見て、この日のうちにでもおとめと結婚したいと思っていた皇帝は、かんかんになり、召使いにむかってどなりました。

いました。魔女は、馬のひづめからおちる宝石をひろうのに夢中で、一度もうしろをふりかえりませんでした。馬は、川をわたりました。馬のひづめばかり見ていた魔女は、足をすべらせ、川におち、おぼれて死んでしまいました。

若者は、おとめをだいて、馬にのり、宮殿へとむかいました。

皇帝は、金の髪のおとめをひと目見ると、この日のうちにも、おとめを妃にむかえようと決めました。

けれども、おとめが、りりしい若者になった自分の馬丁をじっと見ているのに気づくと、皇帝は、大声で命じました。

「すぐにいって、金のてい鉄をはめためす馬の乳をしぼれ。そして、それを大がまにいれてにえたたせろ。それから、おまえ、」と、皇帝は、若者にむきなおっていいました。

「おまえは、そのにえたった乳の中へとびこむんだ。おまえが自分でとびこまんのなら、殺してやるからな。」

召使いたちが乳をしぼりにいっているあいだに、若者は馬のところにいき、目になみだをためてことのしだいを話しました。

「こうなっては、神さまだけが、わたしたちをおたすけくださいます。」と、馬はいいました。

「皇帝のところへいって、死の現場を、お気にいりの馬に立ちあわせてもらいたいといいなさい。やつらが、わたしをそこへつれていってくれたら、わたしは、近よれるだけ大なべの近くによって立つようにします。そして、なべにむかってくしゃみをして、にえている乳を、なべのまん中からふきとばすようにしますから、あなたは、そのしゅんかんになべにとびこんで、さっととびだすのです。これでうまくいくようにいのりましょう。」

皇帝は、馬丁のねがいをききいれました。そ

「すぐにいって、金のてい鉄をはめためす馬の乳をしぼれ。そして、それを大がまへいれてにえたたせろ。」つぎに、皇帝は、若者にむきなおっていいました。

「おまえは、そのにえたった乳の中へとびこむんだ。おまえが自分でとびこまんのなら、殺してやるからな。」

若者は馬のところにいき、目になみだをためてことのしだいを話しました。

馬はいいました。

「皇帝のところへいって、死の現場を、お気にいりの馬に立ちあわせてもらいたいといいなさい。やつらが、わたしをそこへつれていってくれたら、わたしは、近よれるだけ大なべの近くによって立つようにします。そして、なべにむかってくしゃみをして、にえている乳を、なべのまん中からふきとばすようにしますから、あなたは、そのしゅんかんになべにとびこんで、さっととびだすのです。これでうまくいくようにいのりましょう。」

皇帝は、若者のねがいをききいれました。


「金のてい鉄をはめためす馬の乳をしぼれ。それを大がまにいれてにえたたせろ。」それから、皇帝は、若者にむきなおっていいました。

「おまえは、そのにえたぎる乳の中へとびこむのだ。」

若者がことのしだいをうちあけると、馬はいいました。

「皇帝のところへいって、お気にいりの馬に死をみとってもらいたいといってください。やつらが、わたしをその場へつれていったら、わたしは、できるだけ大なべの近くに立ちます。そして、なべにむかってくしゃみをして、にえたぎる乳を、まん中からふきとばしますから、あなたは、そのしゅんかんになべにとびこんで、さっととびだすのです。」

皇帝は、若者のねがいをききいれました。

して、いそいで、この若者の死ぬところを見にいきました。火のまわりには、おおぜいの群衆が集まっていました。けれども、あの馬ほど大なべの近くに立っている者はありませんでした。

　番兵が、若者を大なべのところにつれてきました。馬は、もうれつないきおいでくしゃみをしました。そのしゅんかん、若者は、さっとなべにとびこんで、とびだしました。

　群衆は、心から拍手をおくり、それからこのおおしい若者を、これほどまでにむごいあつかいをした皇帝にいかりをつのらせて、口ぐちに皇帝自身、このにえたぎる乳の中へとびこむがいい、さもないと、いまからのちは、この若者を皇帝にえらぶぞとさけびました。

　のがれるすべはありませんでした。皇帝は、お気にいりの馬をひいてこさせ、自分の死の証人に立たせました。あわよくば、若者と同じようにして命がたすかるようにとねがっていたのです。

　馬は、大なべのところにつれてこられました。けれども、この馬は、ただのあわれな生きものにしかすぎませんでしたから、皇帝が乳の中にとびこんだときも、なんのことやらさっぱりわ

そして、いそいで、この若者の死ぬところを見にいきました。火のまわりには、おおぜいの群衆が集まっていました。あの馬は、大なべのすぐ近くに立っていました。

　番兵が、若者を大なべのところにつれてきました。馬は、もうれつないきおいでくしゃみをしました。そのしゅんかん、若者は、さっとなべにとびこんで、とびだしました。

　群衆は、心から拍手をおくり、それからこのおおしい若者を、これほどまでにむごいあつかいをした皇帝にいかりをつのらせて、口ぐちに皇帝自身、このにえたぎる乳の中へとびこむがいい、さもないと、いまからのちは、この若者を皇帝にえらぶぞとさけびました。

　のがれるすべはありませんでした。皇帝は、お気にいりの馬をひいてこさせ、自分の死の証人に立たせました。あわよくば、若者と同じようにして命がたすかるようにとねがっていたのです。

　馬は、大なべのところにつれてこられました。けれども、この馬は、ただのあわれな生きものにすぎませんでしたから、皇帝が乳の中にとびこんだときも、なんのことやらさっ

火のまわりには、おおぜいの群衆が集まっていました。けれども、若者の馬は、だれよりも大なべの近くに立ちました。

　若者がつれてこられました。すると馬は、なべにむかって、もうれつないきおいでくしゃみをしました。そのしゅんかん、若者は、さっとなべにとびこむと、とびだしました。

　人々は、心から拍手をおくりました。そして、この若者にむごいしうちをした皇帝こそ、にえたぎる乳の中へとびこむがいい、とさけびました。

　のがれるすべはありませんでした。皇帝は、お気にいりの馬を自分の死にたちあわせました。

　けれども、この馬は、ただのあわれな生きものでしたから、皇帝が乳の中にとびこんだときも、さっき食べたカラス麦を、もぐもぐ

からず、もぐもぐと、さっき食べたカラス麦をかんでいました。そこで、皇帝はにえて死んでしまいました。

このときまでに、大群衆にふくれあがっていた人びとは、おおよろこびして、この若者を皇帝にしました。

若者は、まもなく、金色の髪のおとめと結婚し、四人のむすことふたりのむすめをもうけて、しあわせな家庭をつくりました。

この皇帝の治世は長く、しあわせなもので、人びとは、かれのことを、自分たちの知っているいちばんなさけ深い皇帝として、長く心にとどめました。

ぱりわからず、もぐもぐと、さっき食べたカラス麦をかんでいました。そこで、皇帝は、にえている乳のなかで死んでしまいました。

このときまでに、大群衆にふくれあがっていた人びとは、おおよろこびして、この若者を皇帝にしました。

新しい皇帝は、まもなく、金色の髪のおとめと結婚しました。

この皇帝の治世は長く、しあわせなもので、人びとは、自分たちの知っているいちばんなさけ深い皇帝として、長く心にとどめました。

とかんでいるだけでした。

そこで、皇帝はにえたぎる乳におちて死んでしまいました。

人びとは、おおよろこびで、この若者を新しい皇帝にしました。

新しい皇帝は、金の髪のおとめと結婚し、四人のむすことふたりのむすめをもうけ、末長くしあわせに世を治めたということです。

白鳥　原文

『白鳥』　H・C・アンデルセン作　松岡享子訳
福音館書店　一九六七年

ずっと、ずっと遠く、冬になるとツバメが飛んでいく国に、ひとりの王さまが住んでいました。王さまには、十一人のむすこと、エリザというひとりのむすめがありました。十一人の兄弟——つまり王子たち——は、胸に星の形をした勲章をつけ、腰に剣をさげて学校に通いました。字を書くときには、金の石板と、ダイヤモンドの石筆を使いました。本を読むのもじょうずなら、学科をそらでおぼえるのもそれにおとらずじょうずで、この子たちが王子だということは、だれにでもすぐわかりました。妹のエリザは、小さなガラスの腰かけにすわって、国の半分もするくらい値打ちのある絵本を、ひざの上にひろげていました。そうです。この子たちは、何一つ不足のないくらしをしていました。けれども、そういうくらしが、いつまでも続くというわけにはいきませんでした。

子どもたちの父、つまりこの国全体をおさめていた王さまが、意地悪なおきさきと結婚した

語るためにととのえたテキスト例1

むかし、遠い国に、ひとりの王さまが住んでいました。

王さまには、十一人のむすこと、エリザというひとりのむすめがありました。

この十一人の王子と、妹のエリザは、何一つ不足のないくらしをしていました。けれども、そういうくらしが、いつまでも続くというわけにはいきませんでした。

王さまが、意地悪なおきさきと結婚したのです。

語るためにととのえたテキスト例2

ずっと、ずっと遠く、冬になるとツバメが飛んで来る国に、ひとりの王さまが住んでいました。王さまには、十一人のむすこと、エリザというむすめがひとりありました。

おきさきが亡くなると、王さまは、意地悪な女と結婚しました。

のです。かわいそうに、このおきさきは、子どもたちに、少しもやさしくありませんでした。それは、もう最初の日から、わかりました。その日は、城じゅうが結婚式の祝いの宴でにぎわっていましたので、子どもたちは、自分たちだけで、お客さんごっこをして遊んでいました。こういうとき、いつもならお菓子だの焼きリンゴだのがたくさんもらえるのに、おきさきがくれたのは、お茶わん一ぱいの砂だけでした。そして、おきさきは、それを何かおいしいものだと思ってりゃいいだろうといいました。

　一週間たつと、おきさきは、幼いむすめのエリザを、遠いいなかにやって、ある百姓家にあずけました。それから王さまにむかって、王子たちのことをさんざん悪くいいましたので、とうとう王さまは、王子のことなど気にもかけなくなってしまいました。

「どこへなりと飛んでいって、自分で自分のめんどうをみるがいい。」と、意地悪なおきさきはいいました。「口のきけない、大きな鳥になって、飛んでいけ！」

　けれども、おきさきが望んだほどひどいことにはなりませんでした。王子たちは、十一羽の

このおきさきは、子どもたちに、少しもやさしくありませんでした。

　それどころか、一週間たつと、おきさきは、幼いむすめのエリザを、遠いいなかにやって、ある百姓家にあずけました。それから王さまにむかって、王子たちのことをさんざん悪くいいましたので、とうとう王さまは、王子のことなど気にもかけなくなってしまいました。するとおきさきは、王子たちにいいました。

「どこへなりと飛んでいって、自分で自分のめんどうをみるがいい。」「口のきけない、大きな鳥になって、飛んでいけ！」

たちまち、王子たちは、十一羽の白鳥にな

新しいおきさきは、子どもたちに、少しもやさしくありませんでした。

結婚式の日、ご馳走づくめの中で、おきさきが子どもたちにくれたのは、お茶わん一ぱいの砂だけでした。そして、それを何かおいしいものだと思ってりゃいいだろうというのでした。

　一週間たつと、おきさきは、幼いむすめのエリザを、遠いいなかにやりました。それから王子たちにむかっていいました。

「どこへなりと飛んでいって、自分で自分のめんどうをみるがいい。」

「口のきけない、大きな鳥になって、飛んでいけ！」

　けれども、おきさきが望んだほどひどいことにはなりませんでした。王子たちは、十一

美しい白鳥になったのです。十一羽の白鳥は、ふしぎな叫び声をあげて、城の窓から飛び出すと、庭をこえ、森をこえて、どこか遠くへ飛びさりました。

白鳥たちが、妹のエリザのいる百姓家のところを通りかかったのは、まだ夜も明けぬうちでした。鳥たちは、エリザが眠っているへやの屋根の上を飛びまわって、長いくびをねじまげたり、つばさをバタバタいわせたりしました。でも、だれもそれを見もしなければ、聞きもしませんでした。しかたなく、白鳥たちはふたたび飛び立ちました。高く雲の中へ、遠く広い世界にむかって――。そして、ようやく、大きな暗い森へ、やって来ました。森は、海岸のすぐそばまで、広がっていました。

かわいそうに、百姓家にほうっておかれたエリザは、一枚のみどりの葉をおもちゃにして遊びました。ほかに何も遊ぶものがなかったのです。エリザは、葉っぱに穴をあけて、そこからお日さまをながめました。そうすると、そこに、おにいさんたちの、明るいひとみが、見えるような気がしました。そして、お日さまのあたたかい光が、ほおにふれるたびに、おにいさんた

りました。十一羽の白鳥は、ふしぎな叫び声をあげて、城の窓から飛び出していきました。

それから、白鳥たちは、妹のエリザのいる百姓家の上を飛びまわったあと、ふたたび、高く雲の中へ飛び立ちました。

いっぽう、百姓家にほうっておかれたエリザは、みどりの葉をおもちゃにして遊びました。葉っぱに穴をあけて、そこからお日さまをながめると、そこに、おにいさんたちの、明るいひとみが、見えるような気がしました。

羽の美しい白鳥になったのです。十一羽の白鳥は、ふしぎな叫び声をあげて、城の窓から飛び出すと、野をこえ、森をこえて、どこか遠くへ飛びさりました。

ちがしてくれたキスが、一つ残らず思い出されました。

一日一日が、同じように過ぎていきました。風は、家の前の大きなバラのしげみを吹きぬけながら、バラの花にむかって、「あなたよりきれいな人がいるかしら?」と、ささやきました。すると、花はうなずいて、「いますとも。エリザがそうですわ。」と、答えるのでした。また、日曜日に、お百姓の年とったおかみさんが、戸口に腰をおろして、賛美歌の本をよんでいると、風はページをひらひらとくりながら、本にむかってたずねました。「あなたより信心深い人がいるかしら?」「いますとも。エリザがそうです。」と、賛美歌の本は答えました。バラや賛美歌の本がいったこと——それは、まったくほんとうでした。

エリザは、十五になったとき、お城に呼びもどされることになりました。おきさきはエリザを見て、あまりきれいなので腹が立ち、にくしみでいっぱいになりました。すぐにもエリザを、兄たち同様、白鳥に変えてやりたい気がしましたが、王さまがむすめに会いたがっていましたので、そうはできませんでした。

一日一日が、同じように過ぎていきました。そして、エリザは美しく、純真で善良なむすめになりました。

エリザは、十五になったとき、お城に呼びもどされることになりました。おきさきはエリザを見て、あまりきれいなので腹が立ち、にくしみでいっぱいになりました。

それから長い年月が経ちました。エリザは日に日に美しくなり、この世で一番きれいなむすめとなりました。

エリザが十五になったとき、王さまの望みで、エリザは、お城に呼びもどされることになりました。おきさきはエリザを見ると、あまりきれいなので腹が立ち、にくしみでいっぱいになりました。

あくる朝早く、おきさきは湯殿へいきました。湯殿は大理石でできていて、やわらかなクッションと、それはそれは美しい敷物でかざられていました。おきさきは、ヒキガエルを三匹つかまえると、一匹一匹にキスしてはこういいました。はじめの一匹には、「エリザがお湯にはいったら、あの子の頭の上におすわり。あの子がおまえのようにのろくさくなるように。」二匹目には、「おまえはあの子の額の上におすわり。あの子がおまえのようにみにくくなって、父おやにもそれとわからなくなるように。」「それからおまえ、」と、三匹目にむかってささやきました。「おまえはあの子の心ぞうにぴったりくっついて、あの子の心に、よこしまな思いを吹きこむのだよ。それがあの子を苦しめるからね。」そういって、おきさきは、三匹をすんだお湯の中にはなちました。すると、お湯は、たちまち、みどりがかった色に変わりました。

それから、おきさきは、エリザを呼んで、着物をぬがせ、お湯にはいらせました。エリザが、ざぶっとお湯にはいると、一匹のヒキガエルが、エリザのかみの毛の上に、ピョンと飛びのりました。つづいてもう一匹が額の上に。そして、

あくる朝早く、おきさきは大理石でできた湯殿へいきました。

おきさきは、ヒキガエルを三匹つかまえると、一匹一匹にキスしてはこういいました。はじめの一匹には、「エリザがお湯にはいったら、あの子の頭の上におすわり。あの子がおまえのようにのろくさくなるように。」

二匹目には、「おまえはあの子の額の上におすわり。あの子がおまえのようにみにくくなって、父おやにもそれとわからなくなるように。」

三匹目には、「おまえはあの子の心ぞうにぴったりくっついて、あの子の心に、よこしまな思いを吹きこむのだよ。それがあの子を苦しめることになるからね。」といいました。そして、三匹をすんだお湯の中にはなちました。すると、お湯はたちまち、みどりがかった色に変わりました。

それから、おきさきは、エリザを呼んで、着物をぬがせ、お湯にはいらせました。エリザがお湯にはいると、一匹のヒキガエルが、エリザのかみの毛の上に、二匹目が額の上に、そして三匹目が胸の上にとびのりました。け

三匹目が胸の上に。けれども、エリザは何にも気がつかないようでした。やがて、エリザが立ちあがると、あとにケシの花が三つ、お湯の上に浮かんでいました。もしもあの三匹が毒もなく、魔女にキスされてもいなかったら、赤いバラの花になっていたでしょう。でも、とにかく花にはなったのです。ただ、エリザの頭や胸にのったというだけでですよ。エリザがあまり純真で善良なので、魔法をかけようにもかからなかったのです。

　これを見た意地悪なおきさきは、エリザのからだにクルミのしるをすりこんで黒くしました。きれいな顔には胸が悪くなるようなくさいなんこうをぬりたくり、美しいかみの毛はくしゃくしゃにもつれさせてしまいました。だれが見ても、これがあのきれいなエリザだとは、とてもわからなかったでしょう。こんなわけですから、おとうさまはエリザを見てびっくりし、これは自分のむすめではないといいました。おとうさまばかりではありません。ほかのだれにも、これがエリザだとはわかりませんでした。わかったのは、見張りの犬と、ツバメだけでしたが、どちらもとるに足りない生きもので、その言い

そこで、おきさきは、エリザのからだにクルミのしるをすりこんで黒くしました。きれいな顔には胸が悪くなるようなくさいなんこうをぬりたくり、美しいかみの毛はくしゃくしゃにもつれさせてしまいました。

こんなエリザを見て、王さまはびっくりし、これは自分のむすめではないといいました。王さまばかりではありません。ほかのだれにも、これがエリザだとはわかりませんでした。わかったのは、見張りの犬と、ツバメだけでしたが、どちらもとるに足りない生きもので、そのいい分に耳をかすものなど、ひとりもい

れども、エリザは何にも気がつかないようでした。やがて、エリザがお湯からあがると、ケシの花が三つ、あとに浮かんでいました。もしもあの三匹が毒もなく、魔女にキスされてもいなかったら、三匹は、赤いバラの花になっていたでしょう。でも、とにかく花にはなったのです。ただ、エリザの頭や胸にのったというだけでですよ。エリザがあまり清らかで、汚れを知らなかったので、魔法をかけようにもかからなかったのです。

　これを見た意地悪なおきさきは、エリザのからだにクルミのしるをすりこんで黒くしました。きれいな顔には胸が悪くなるようなくさいなんこうをぬりたくり、美しいかみの毛はくしゃくしゃにもつれさせてしまいました。だれが見ても、これがあのきれいなエリザだとは、とてもわからなかったでしょう。ですから、王さまはエリザを見てびっくりし、これは自分のむすめではないといいました。

分に耳をかすものなど、ひとりもいませんでした。

かわいそうに！　エリザは泣きました。たよりに思う十一人のおにいさんたちも、今はどこにいるのか、ゆくえが知れません。泣く泣くお城をぬけだしたエリザは、畑を横切り、沼をこえて、一日じゅう歩き続け、やがて、大きな森へやって来ました。

森へやって来たものの、どこへ行くというあてもありません。ただもう悲しくて、たまらなくおにいさんたちに会いたいと思いました。おにいさんたちも、きっと自分と同じように、どこかをさまよっているのでしょう。エリザは、どうあってもおにいさんたちをさがし出そうと決心しました。

エリザが森にはいってしばらくすると、日が暮れました。さまよい歩いているうちに、道のあるところからはずっと遠くへ来てしまっていました。そこで、やわらかなこけの上に横になり、夕べの祈りをささげてから、木の株に頭をもたせてやすみました。空気はさわやかで気持よく、あたりはまったく静かでした。まわりには、草の中といわずこけの上といわず、ホタル

ませんでした。

泣く泣くお城をぬけだしたエリザは、一日じゅう歩き続け、やがて、大きな森へやって来ました。

エリザが森にはいってしばらくすると、日が暮れました。

そこで、エリザは、夕べの祈りをささげてから、やわらかなこけの上に横になりました。

まわりには、草の中といわずこけの上といわず、ホタルがそれはそれはたくさんいて、み

そこで、泣く泣くお城をぬけだしたエリザは、一日じゅう歩き続け、やがて、大きな森へやって来ました。

森へやって来たものの、どこへ行くというあてもありません。ただもう悲しくて、たまらなくおにいさんたちに会いたいと思いました。おにいさんたちも、きっと自分と同じように、どこかをさまよっているのでしょう。エリザは、どうあっても、おにいさんたちをさがし出そうと決心しました。

森をさまよい歩くうち、エリザは、とある池にでました。

がそれはそれはたくさんいて、みどりの火のように光りました。エリザが、かたわらの枝にそっと手をふれると、このキラキラ光る虫は、流れ星が降るように、エリザのまわりに落ちてきました。

エリザは、一晩じゅう、おにいさんの夢を見ました。夢の中で、みんなは、もう一度子どもにかえって、いっしょに遊びました。金の石板の上に、ダイヤモンドの石筆で字を書いたり、国の半分ほどもする、美しい絵本をながめたり……。けれども、もう石板の上に、ただのマルやバツばかり書きはしませんでした。いいえ、こんどは、自分たちがなしとげた勇ましい行いや、自分たちが経験したこと、見たことを全部書きしるしたのです。それに、絵本の中では、何もかもが生きていました。小鳥はうたい、人びとは本から抜け出て来て、エリザやおにいさんたちに話しかけました。けれども、エリザがページをめくると、みんなはさっともとの場所にもどりました。絵がごちゃごちゃになるといけませんものね。

エリザが目をさましたとき、お日さまは、もう高くのぼっていました。といっても、ほんと

どりの火のように光りました。

エリザは、一晩じゅう、おにいさんの夢を見ました。夢の中で、みんなは、もう一度子どもにかえって、いっしょに遊びました。

エリザが目をさましたとき、お日さまは、もう高くのぼっていました。あたりには、み

にお日さまが見えたわけではありません。背の高い木が、頭の上で、枝をいくえにも重ねて張り出していたので、お日さまは見えなかったのです。ただ、金色の木もれ日だけが、ひらひらする紗《しゃ》のようにゆれうごいていました。あたりには、みどりの葉のみずみずしいかおりがたちこめ、小鳥たちはエリザのそばへやって来て、今にも肩に止まりそうにしました。どこかで、水のはねる音が聞こえました。近くに大きな泉がいくつかあって、そこからわき出た水が、一つの池に流れこんでいたのです。池の底は、きれいな砂地でした。池のまわりは、こんもりしげったやぶになっていましたが、一か所だけ、シカが通る、広い抜け道があいていました。エリザは、そこを通って、水の方へおりていきました。水はまったくすみきっていました。もし、木の枝や、水ぎわのしげみが、風でゆれなかったら、エリザは、枝もしげみも池の底にかかれたものだと思ったかもしれません。それほどはっきりと、一枚一枚の葉が、水にうつっていたのです――お日さまの光がもれている葉も、すっかりかげになっている葉も。

自分の顔が水にうつるのを見た瞬間、エリザ

どりの葉のみずみずしいかおりがたちこめ、金色の木もれ日が、さらさらと、ゆれうごいていました。

小鳥たちはエリザのそばへやって来て、今にも肩に止まりそうにしました。どこかで、水のはねる音が聞こえました。近くに、わき水の流れこむ池があったのです。池の底は、きれいな砂地で、水はまったくすみきっていました。

自分の顔が水にうつるのを見た瞬間、エリ

池の水に、自分の顔をうつしてみた瞬間、

はぞっとしました。まっ黒で、見るのもおそろしかったからです。けれども、手に水をつけて、目や額をこすると、もとどおり、かがやくように白いはだが見えてきました。そのあと、エリザは着物をぬいで、清らかな水の中へはいっていきました。この世の中のどこをさがしても、エリザほど愛らしい王女は、ほかにいなかったでしょう。

着物を着なおして、長いかみをあむと、エリザは、音をたててわいている泉のところへ行って、両手で水をすくって飲みました。それから、べつにどこへ行くというあてもないまま、いちだんと森の奥深くはいっていきました。エリザはおにいさんたちのことを思いました。また、神さまのことも考えました。神さまはよい方だから、わたしのことをお忘れにはなるまいと、エリザは思いました。ひもじい思いをしている者が食べるようにと、山リンゴの木に実をみのらせてくださったのも神さまなら、今、ちょうどそのような木の一本を、エリザに示してくださったのも神さまでした。その木には、枝もたわわに実がなっていました。ここで、エリザは食事をしました。そして、実の重みで今にも折

ザはぞっとしました。まっ黒で、見るのもおそろしかったからです。けれども、その水で洗うと、もとどおり、かがやくように白いはだが見えてきました。そのあと、エリザは着物をぬいで、清らかな水の中へはいっていきました。

着物を着なおして、長いかみをあむと、エリザは、いちだんと森の奥深くはいっていきました。

エリザはぞっとしました。まっ黒で、見るもおそろしかったからです。けれども、手に水をつけて、目や額をこすると、もとどおり、かがやくような白いはだが見えてきました。

この世の中のどこをさがしても、エリザほど色白で美しい王女は、ほかにいなかったでしょう。

それから水の中にはいって体をきれいにすると、エリザは、いちだんと森の奥へ、はいっていきました。

れそうになっている枝につっかい棒をしてから、森でもいちばん暗いところへと、進んでいきました。

あたりはまったく静かで、自分の足音ばかりか、ふみしだかれた枯葉が足もとでたてるかすかな音さえ、一つ残らず聞こえました。高い木が、幹と幹とをくっつけあうようにして、おいしげっていたので、前の方を見ると、まるですき間のない、大きな木のさくに、とじこめられているような気がしました。ほんとうに、ここには、いいしれぬさびしさがありました。これほどのさびしさを、エリザは、今まで一度も味わったことがありませんでした。

夜がふけて、あたりはまっ暗になりました。こけの上では、小さなホタル一匹光りません。悲しみに心をふさがれたまま、エリザは横になって眠りました。すると、頭の上の枝が左右にわかれて、そこから神さまが、やさしい目で自分を見おろしていらっしゃるような気がしました。そして、神さまの頭の上や腕の下から、小さな天使がこちらをのぞいているように思いました。

朝、目がさめたとき、それが夢だったのか、

あたりはまったく静かで、自分の足音ばかりか、ふみしだかれた枯葉がたてるかすかな音さえ、聞こえました。高い木がおいしげり、幹と幹とが重なりあって見えるので、まるで大きな木のさくに、とじこめられているような気がします。ほんとうに、ここには、いいしれぬさびしさがありました。

夜がふけて、あたりはまっ暗になりました。ホタル一匹光りません。悲しみに心をふさがれたまま、エリザは横になって眠りました。すると、頭の上の枝が左右にわかれて、そこから神さまが、やさしい目で自分を見おろしていらっしゃるような気がしました。

ほんとにあったことなのか、エリザにはわかりませんでした。

　ほんの少し歩いたところで、エリザは、ひとりのおばあさんに出会いました。おばあさんは、木イチゴのはいったかごを持っていて、エリザにも少しわけてくれました。エリザは、おばあさんに、十一人の王子が、馬に乗って、森を通るのを見なかったかとたずねました。

「いいや、」と、おばあさんはいいました。「けど、きのう、十一羽の白鳥が、頭に金のかんむりをのせて、この近くの川で泳いでいるのを見たよ。」そして、おばあさんは、エリザを、そこからあまり遠くない、小高い土手のところまでつれていってくれました。土手の下を、小川がうねって流れていました。土手にはえている木は、葉のよく茂った長い枝を、両岸からおたがいにのばしあって、水の上にアーチをつくっていました。枝が短くて、そのままでは向こうの枝にとどかない木は、根を土手から引き抜いて水の中に出しながら、それでも枝だけはからみあわせて、岸の両側から水にもたれるようにして立っていました。

　エリザは、おばあさんにさようならをいって、

　つぎの朝、エリザは、ひとりのおばあさんに出会いました。

エリザは、おばあさんに、十一人の王子を見なかったかとたずねました。

「いいや、」と、おばあさんはいいました。「けど、きのう、十一羽の白鳥が、頭に金のかんむりをのせて、この近くの川で泳いでいるのを見たよ。」そして、おばあさんは、エリザを、その川までつれていってくれました。

　ある時、エリザは、ひとりのおばあさんに出会いました。

エリザは、おばあさんに、このあたりで、十一人の王子を見かけなかったかとたずねました。

「いいや、」と、おばあさんはいいました。「けど、きのう、十一羽の白鳥が、頭に金のかんむりをのせて、近くの川で泳いでいるのを見たよ。」

エリザは、おばあさんにお礼をいって、川

流れにそって歩いていき、やがて、川が海に流れこんでいるところに出ました。そこは、広びろとした海岸になっていました。美しい海が、この若いむすめの目の前に、はてしなく広がっていました。けれど、見わたしたところ、海には帆一つ、ボート一そう、浮かんではいません。いったい、どうやって、ここから先へ行けるでしょう？　エリザは、海岸にころがっている、無数の小石に目をやりました。どれもこれも、波にもまれて、まるくなっています。ガラス、鉄、石――岸に打ちあげられているものはみんな、水の力で、形が変わっていました。水は、エリザのきゃしゃな手より、まだずっとやわらかだというのに――。「海の水は、よせては返し、よせては返しして、決してあきるということがないのね。だから、かたいものでも、すべすべにすることができるんだわ。わたしも海と同じように、しんぼう強くなりましょう。よせては返す、きれいな波よ、いいことを教えてくれてありがとう。わたしにはわかるの――おまえたちが、いつか、わたしを、なつかしいおにいさんのところへ、つれてってくれるってことが。」

打ちあげられた海草の上に、十一枚の、白い

エリザは、流れにそって歩いていき、とうとう、広びろとした海に出ました。美しい海が、エリザの目の前に、はてしなく広がっていました。浜べには、人かげ一つ見えません。打ちあげられた海草の上に、十一枚の、白鳥の羽根が落ちていました。エリザはそれを集めて、たばにしました。

それから、エリザは、海岸にころがっている、無数の小石に目をやりました。どれもこれも、波にもまれて、まるくなっています。よせては返す、水の力で、かたい石の形が変わっていました。水は、エリザのきゃしゃな手より、まだずっとやわらかだというのに――。

にそって歩いていき、やがて、川が海に流れこんでいるところに出ました。

目の前にはてしなく大きな海が広がっていました。

エリザは、広々とした海岸にころがっている、無数の小石に目をやりました。どれもこれも、波にもまれて、まるくなっています。

「海の水は、よせては返し、よせては返しして、かたいものでも、すべすべにすることができるんだわ。わたしも海と同じように、しんぼう強くなりましょう。」エリザはそう、心にきめました。

打ちあげられた海草の上に、十一枚の、白

白鳥の羽根が落ちていました。エリザは、それを集めて、たばにしました。羽根には、水のしずくがついていましたが、それが、つゆなのか涙なのか――それは、だれにもわかりませんでした。浜べには、人かげ一つ見えません。でも、エリザは、少しもさびしいとは思いませんでした。たえまなく移り変わる海の様子に、心をうばわれていたからです。まったく、海は、二、三時間のうちに、湖が一年かかって見せるほどの変化を、見せてくれました。

空に大きな黒雲があらわれると、海は、まるで「おれだって黒くなれるぞ。」と、おどしているようでした。そうなると、風もさわぎ、波も白目をむきます。けれども、雲がうすくれないにかがやき、風もなぐと、海は一枚のバラの花びらのように見えました。あるときはみどりに、あるときは白くなる海。けれども、どんなにおだやかになぎわたっていても、岸べでは、ゆるやかな動きが、やすみなく続けられていました。上がったり、下がったり――眠っている子どもの胸のように、水は、静かに波打っていました。

太陽が今にも沈もうというとき、頭に金のか

太陽が今にも沈もうというとき、頭に金の

い鳥の羽根が落ちていました。エリザはそれを集めて、たばにしました。

やがて、太陽が今にも沈もうというとき、

んむりをいただいた十一羽の白鳥が、陸の方へ飛んで来るのが、エリザの目にはいりました。白鳥は、長い白いリボンのように、たてにつらなって、空を舞っていました。エリザは、坂になっている砂浜をはいのぼって、やぶのかげに身をかくしました。そのまに、白鳥たちは、エリザのすぐ近くにやってきて、大きな白いつばさを、バタバタいわせました。

　まもなく、太陽が、水平線の下に沈みました。と、たちまち、白鳥のからだから羽根が抜け落ちて、目の前に、十一人の美しい王子――エリザのおにいさんたちが立っているではありませんか！　エリザは、思わず大声をあげました。おにいさんたちは、ずいぶん変わっていましたが、エリザには、それがおにいさんだということがちゃんとわかりました。まちがいありません！　エリザは、おにいさんの腕の中に飛びこんで、ひとりひとりの名を呼びました。おにいさんたちも、これがエリザとわかって大喜び。それにしても、あのちいちゃな妹が、こんなに背が高く、こんなに美しくなったとは！　みんなは、泣いたり、笑ったりしました。おたがいの身の上をくわしく話すまでもなく、あのまま

かんむりをいただいた十一羽の白鳥が、陸の方へ飛んで来るのが、エリザの目にはいりました。白鳥は、長い白いリボンのように、たてにつらなって、空を舞っていました。エリザは、砂浜をはいのぼって、やぶのかげに身をかくしました。そのまに、白鳥たちは、エリザのすぐ近くにやってきて、大きな白いつばさを、バタバタいわせました。

　まもなく、太陽が、水平線の下に沈みました。と、たちまち、白鳥のからだから羽根が抜け落ちて、目の前に、十一人の美しい王子が立っているではありませんか！　エリザは、思わず大声をあげました。おにいさんたちは、ずいぶん変わっていましたが、エリザには、それがおにいさんだということがちゃんとわかりました。

おにいさんたちも、これがエリザとわかって大喜び。みんなは、泣いたり、笑ったりしました。

おたがいの身の上をくわしく話すまでもなく、あのまま母のとった仕打ちが、どんなにひど

頭に金のかんむりをのせた十一羽の白鳥が、こちらにむかって飛んで来るのが、見えました。白鳥は、長い、白いリボンのように一列につらなって、空を舞っていました。

白鳥たちは、エリザのすぐ近くに舞い降りると、大きな白いつばさをバタバタいわせました。

　まもなく、太陽が、水平線の下に沈みました。と、たちまち、白鳥のからだから羽根が抜け落ち、目の前に、十一人の美しい王子――エリザのおにいさんたちが立っているではありませんか！　エリザは思わず大声をあげました。

そして、おにいさんの腕の中に飛びこんで、ひとりひとりの名を呼びました。おにいさんたちも、これがエリザだとわかって大喜び。みんなは、泣いたり笑ったりしました。

母のとった仕打ちが、どんなにひどいものだったかがわかりました。

「にいさんたちはね、」と、いちばん上のおにいさんが話しました。「お日さまが空にいる間は、白鳥の姿になって飛ぶけれど、お日さまが沈むと、人間にもどる。だから、お日さまが沈むときは、ちゃんと陸地に足をつけているように、気をつけていなければならないんだよ。だって、わかるだろう？　もし、そのとき、雲の上を飛んだりしていようものなら、人間の姿にもどったとたん、ついらくして死んでしまうからね。ぼくたちは、ここには住んでいない。海の向こうに、こことまったく同じくらい美しい国があるんだ。ずっと遠くだけどね。この広い広い海を、わたっていくんだ。途中には、ぼくたちが一夜を過ごせるような島は一つもない。大海原のまん中に、ぽつんと一つ、小さな岩が、顔を出しているだけだ。ぼくたちが並んで立つのがやっとの、ちっぽけな岩だ。海が荒れると、しぶきが頭の上まではねあがる。だけど、そんな小さな岩でも、あるってことだけで、ぼくたちは神さまに感謝しているよ。それがあるおかげで、人間の姿になっても、夜が過ごせるんだ

いものだったかがわかりました。

「にいさんたちは、ここには住んでいない。」と、いちばん上のおにいさんが話しました。

「遠い海の向こうの美しい国に住んでいるんだ。昼間は、白鳥の姿になって、空を飛ぶぼくたちだが、この広い海をわたって、ここまで飛んで来るには、一年じゅうでいちばん昼のながい日で、二日かかる。途中には、ぼくたちが一夜を過ごせるような島は一つもない。大海原のまん中に、ぽつんと一つ、小さな岩が、顔を出しているだけだ。ぼくたちが並んで立つのがやっとの、ちっぽけな岩だ。だけど、そんな小さな岩でも、あるってことだけで、ぼくたちは神さまに感謝しているよ。あれがなけりゃ、とてもこのなつかしいふるさとにもどっては来られない。だって、わか

　それから、いちばん上のおにいさんが、話しました。「にいさんたちはね、お日さまが空にいる間は、白鳥の姿になって飛ぶけれど、お日さまが沈むと、人間の姿にもどる。だから、お日さまが沈むときには、ちゃんと陸地に足をつけているようにしなければならないんだよ。だって、わかるだろう？　もし、そのとき、雲の上を飛んだりしていようものなら、人間の姿にもどったとたん、ついらくして死んでしまうからね。ぼくたちは、ずっと遠くの美しい国に住んでいる。

この広い広い海を、わたっていくんだ。途中には、一夜を過ごせるような島は一つもない。ただ、大海原の真ん中に、ぽつんと一つ、小さな岩が、顔を出しているだけだ。ぼくたちが並んで立つのがやっとの、ちっぽけな岩だ。だけど、そんな小さな岩でも、あるってことだけで、ぼくたちは神さまに感謝しているよ。あれがなけりゃ、とてもこのなつかしいふるさとに帰っては来られない。

いふるさとにもどっては来られない。だって、ここまで飛んで来るには、一年じゅうでいちばん昼のながい日で、二日かかるんだもの。だからぼくたちが、こうやって生まれ故郷にやって来られるのは、一年にたった一回。それも、十一日間いられるだけだ。その間に、この大きな森の上を飛んで、ぼくたちが生まれた、そして今もおとうさまが住んでいらっしゃるお城をながめたり、おかあさまが眠っていらっしゃる教会の、高い塔を見たりするのさ。ここに来ると、草や木までが、何か親しいもののような感じがするし、高原を野生の馬がかけていくところなんぞも、ぼくたちの子どものころそのままだ。炭焼きがうたっている歌にしたって、子どものころ、ぼくたちがよく踊った、なつかしい歌だ。ここは、ぼくたちの祖先の国。ぼくたちをひきつけてやまない場所だ。そして、ここで、おまえにめぐりあえたってわけだ、ねえ、エリザ。ぼくたちは、あと二日、ここにいられる。けれど、そのあとは、また海をこえて、ある国へ飛んでいかなければならない。その国は、ぼくたちのものじゃないけど、でも、すばらしい

ものね。あれがなけりゃ、とてもこのなつかし

るだろう？　ぼくたちは、お日さまが沈むと、人間にもどるんだ。もし、お日さまが沈むとき、陸地に足をつけていなかったら、人間の姿にもどったとたん、ついらくして死んでしまうからね。だからぼくたちが、こうやって生まれ故郷にやって来られるのは、一年にたった一回。それも、十一日間いられるだけだ。その間に、この大きな森の上を飛んで、ぼくたちが生まれたお城をながめたり、おかあさまが眠っていらっしゃる教会の、高い塔を見たりするのさ。

そして、ぼくたちがここにいられるのは、あと二日というときに、おまえにめぐりあえたってわけだ。」

国だよ。といっても、いったい、どうしたら、おまえをそこへつれていけるだろう？　船もなければボートもなし……。」

「おにいさんの魔法をといてあげられさえしたらねえ！」と、エリザは心からいいました。それから、みんなは、ほとんど一晩じゅう、話しに話して、ほんの二、三時間眠っただけでした。エリザは、頭の上で白鳥がはばたく音を聞いて、目をさましました。ふたたび姿の変わったおにいさんたちが、空に大きな輪をえがいて飛んでいました。そのうちに、白鳥の姿はどこかに見えなくなってしまいましたが、一羽だけはあとに残りました。いちばん年下のおにいさんです。白鳥は、エリザの胸に頭をもたせ、エリザは、その白いつばさを、やさしくなでました。そうやって、ふたりは、一日じゅういっしょにいました。夕方近く、ほかの白鳥たちが帰って来ました。そして、日が沈むと同時に、人間の姿になりました。

「あす、ぼくたちは、ここを飛び立つ。そうすれば、まる一年はもどって来られまい。だけど、こんなふうにして、おまえをここに残していくことは、とてもできない。ぼくたちといっしょ

「おにいさんの魔法をといてあげられさえしたらねえ！」と、エリザは心からいいました。

それから、みんなは、ほとんど一晩じゅう、話しに話しました。


そして、つぎの日、夜になって、人間の姿にもどった、おにいさんたちがいいました。

「あす、ぼくたちは、ここを飛び立つ。そうすれば、まる一年はもどって来られない。ぼくたちといっしょに来る勇気があるかい？


あす、ぼくたちは、ここを飛び立つ。そうすれば、まる一年はもどって来られまい。だけど、このまま、おまえをここに残していくことは、とてもできない。ぼくたちといっしょ

に来る勇気があるかい？　ぼくの腕は、おまえをだいて、森をはしからはしまで運ぶくらいの力はある。とすれば、みんなが力を出しあえば、ぼくらのつばさは、おまえをつれて、海の向こうまで飛んでいけるだけの力はあるにちがいない。」

「ええ、つれていってちょうだい。」と、エリザはいいました。

　みんなは、一晩じゅうかかって、しなやかなヤナギの木の皮と、じょうぶなイグサで、うんと強いあみをあみました。エリザは、その上に横になりました。日がのぼり、兄弟が白鳥の姿に変わるが早いか、みんなは、くちばしであみをしっかりくわえて、雲の中高く舞いあがりました。だいじな妹は、あみの中で、まだ眠っていました。その顔に、お日さまの光がまともにさしたので、白鳥の一羽が、エリザの頭の上を飛んで、大きなつばさをひろげて、かげをつくってやりました。

　エリザが目をさましたのは、陸からもうだいぶはなれたころでした。エリザは、何だかまだ夢を見ているような気がしました。海の上を空高く運ばれるのは、それはふしぎな気がするも

みんなが力を出しあえば、ぼくらのつばさは、おまえをつれて、海の向こうまで飛んでいけるだけの力はあるにちがいない。」

「ええ、つれていってちょうだい。」と、エリザはいいました。

　みんなは、一晩じゅうかかって、しなやかなヤナギの木の皮と、じょうぶなイグサで、うんと強いあみをあみました。エリザは、その上に横になりました。日がのぼり、兄弟が白鳥の姿に変わるが早いか、みんなは、くちばしであみをしっかりくわえて、雲の中高く舞いあがりました。

　海の上を空高く運ばれるのは、それはふしぎな気がするものでした。はるか下を見ると、

に来る勇気があるかい？

みんなが力を出しあえば、ぼくらのつばさは、おまえをつれて、海の向こうまで飛んでいけるだけの力はあるにちがいない。」

「ええ、つれていってちょうだい。」と、エリザはいいました。

　みんなは、一晩じゅうかかって、しなやかなヤナギの木の皮と、じょうぶなイグサで、うんと強い大きなあみをあみました。エリザは、その上に横になりました。日がのぼり、兄弟が白鳥の姿に変わるが早いか、みんなは、くちばしであみをしっかりくわえて、空高く舞いあがりました。だいじな妹は、まだ、あみの中で、眠っていました。その顔に、日の光がまともにさしたので、いちばん年下のにいさんが、エリザの頭の上を飛んで、大きなつばさをひろげて、かげをつくってやりました。

　エリザが目をさましたのは、陸からだいぶはなれたころでした。

海の上をはるか高く運ばれるのは、それはふしぎな気がするものでした。

のでした。エリザのかたわらには、よくうれた、おいしい実がいっぱいついた木の枝と、いい味のする木の根が一たばおいてありました。いちばん年下のおにいさんが、集めておいてくれたのです。エリザは、ありがとうというように、そのおにいさんにむかって、ほほえみました。自分の頭の真上を飛んで、つばさでかげをつくってくれているのが、そのおにいさんだとわかったからです。

高い高い空の上から下を見ると、船が、まるで波に浮かぶカモメのように見えました。うしろの方には大きな雲――ものすごく大きな、山のような雲――があって、そこに、エリザと十一羽の白鳥のかげが、とほうもなく大きくうつっていました。エリザは、こんなすばらしい光景を、これまでに、一度も見たことがありませんでした。けれども、太陽がさらに高くのぼり、雲がずっとうしろにとり残されると、絵のようなかげも消えました。まる一日、白鳥たちは、矢のようにヒューヒュー音をたてて、空を飛びました。でも、今は、妹を運ばなければならないので、前ほど、速くは飛べません。あらしがまき起こり、夜が近づいていました。エリ

船が、まるで、波に浮かぶカモメのように見えました。うしろの方には山のように大きな雲があって、そこに、エリザと十一羽の白鳥のかげが、とほうもなく大きくうつっていました。それは、すばらしい光景でした。太陽がさらに高くのぼり、エリザの顔にお日さまの光がまともにさすと、白鳥の一羽が、エリザの頭の上を飛んで、つばさでかげをつくってくれました。

まる一日、白鳥たちは、矢のようにヒューヒュー音をたてて、空を飛びました。でも、今は、妹を運ばなければならないので、前ほど、速くは飛べません。あらしがまき起こり、夜が近づいていました。エリザは、おそろし

高い空から下を見ると、船が、まるで波に浮かぶカモメのように小さく見えました。うしろをふりむくと、山のような大きな雲に、自分たちのかげが、とほうもなく大きくうつっていました。

朝から夕方までまる一日、白鳥たちは、矢のようにヒューヒュー音をたてて、空を飛びました。でも、今は、妹を運ばなければならないので、前ほど、速くは飛べません。空は荒れはじめ、その上、夕闇がせまってき

ザは、おそろしさに身がすくみました。お日さまは沈みかけているのに、あの、海の中に、ぽつんと立っているという岩のかげが、どこにも見えなかったからです。エリザは、白鳥たちのはばたきが、いっそうはげしくなったように思いました。ああ、どうしよう！　白鳥たちがこれ以上速く飛べないのは、わたしのせいだ。お日さまが沈んでしまったら、みんな、人間の姿になって、海に落ちておぼれ死んでしまう――。エリザは、心の底から、神さまにお祈りしました。それでも、岩は、かげさえ見せません。黒い雲があらわれ、はげしい突風がまき起こりました。あらしの前ぶれです。雲はひとつにかたまって、はげしくうず巻きながら、大きな鉛のかたまりが押し寄せるように、エリザたちめがけて、せまって来ました。いなずまが、あとからあとから光りました。

　今や太陽は、水平線にとどくところまで沈んでいました。エリザの心はふるえました。そのとき、急に、白鳥たちが、下にむかって、まっしぐらに降りはじめました。あまり急だったので、エリザは、自分が落ちたのかと思いました。が、次の瞬間、白鳥たちは、またすいすいすべ

さに身がすくみました。お日さまは沈みかけているのに、あの、海の中に、ぽつんと立っているという岩のかげが、どこにも見えなかったからです。

黒い雲があらわれ、はげしい突風がまき起こりました。

いなずまが、あとからあとから光りました。

　今や太陽は、水平線にとどくところまで沈んでいました。エリザの心はふるえました。そのとき、急に、白鳥たちが、下にむかって、まっしぐらに降りはじめました。

ました。エリザは、おそろしさに身がすくみました。お日さまは沈みかけているのに、あの、海の中にぽつんと立っているという岩のかげが、どこにも見えなかったからです。エリザは白鳥たちのはばたきが、いっそうはげしくなったように思いました。ああ、どうしよう！　白鳥たちがこれ以上速く飛べないのは、わたしのせいだ。お日さまが沈んでしまったら、みんな、人間の姿になって、海に落ちておぼれ死んでしまう――。

黒い雲があらわれ、はげしい風がまき起こりました。

いなずまが、あとからあとから光りました。

　今や太陽は、水平線にとどくところまで沈んでいました。エリザの心はふるえました。そのとき、急に、白鳥たちが、下にむかって、まっしぐらに降りはじめました。

エリザは、一瞬落ちたのかと思いましたが、白鳥たちは、またすいすい、すべるように飛

るように飛んでいました。太陽は、半分水平線の下にかくれていました。このときはじめて、下の方に小さな岩のあるのが、エリザの目にはいりました。岩は、アザラシが、波の上に頭を突き出したほどの大きさしかありませんでした。太陽は刻々と沈み、今はもう、星のように小さくなりました。と、そのとき、エリザの足が、かたい地面にふれました。太陽は、紙きれがもえつきるときのような、最後のきらめきを残して水平線の下にかくれました。おにいさんたちは、エリザを中にして、そのまわりに手をつないで立ちました。岩の広さは、おにいさんとエリザがやっといられるきりで、少しのゆとりもありません。波は岩に当たって砕け、しぶきは雨と降って、みんなをずぶぬれにしました。空には、ほのおのような光が、たえまなくきらめき、次々とかみなりがとどろきました。兄弟は、おたがいに手をしっかりにぎりあって、賛美歌をうたいました。そうすると、心が安らぎ、勇気がわきました。

　あけがたになると、空気はすみ、風もしずまりました。太陽がのぼるとすぐ、白鳥たちは、エリザをつれて、この小さな島を飛び立ちまし

太陽は、半分水平線の下にかくれていました。このときはじめて、下の方に小さな岩のあるのが、エリザの目にはいりました。岩は、アザラシが、波の上に頭を突き出したほどの大きさしかありませんでした。太陽は刻々と沈み、今はもう、星のように小さくなりました。と、そのとき、エリザの足が、かたい地面にふれました。太陽は、紙きれがもえつきるときのような、最後のきらめきを残して、水平線の下にかくれました。おにいさんたちは、エリザを中にして、そのまわりに手をつないで立ちました。岩の広さは、おにいさんとエリザがやっといられるきりで、少しのゆとりもありません。波のしぶきは、みんなをずぶぬれにしました。いなずまが、たえまなくきらめき、かみなりがとどろきました。兄弟は、おたがいに手をしっかりにぎりあって、歌をうたいました。そうすると、心が安らぎ、勇気がわきました。

　あけがたになると、空気はすみ、風もしずまりました。太陽がのぼるとすぐ、白鳥たちは、エリザをつれて、この小さな島を飛び立

んでいました。太陽が、水平線の下に半分かくれました。そのときはじめて、下の方に小さな岩のあるのが、エリザの目にはいりました。白鳥たちは下に向かってぐんぐん降りて行きます。けれども､太陽は、なんと早く刻々と沈んでいくことでしょう。今はもう、赤い小さな星のようになりました。と、エリザの足が、かたい岩にふれました。その瞬間、太陽は、最後のきらめきを残して、紙きれがもえつきるように水平線の下に沈みました。おにいさんたちは、エリザを真中に丸く手をつないで、小さな岩の上に立ちました。岩の広さは、みんながやっと立っていられるきりで、少しのゆとりもありません。波は岩に当たって砕け、しぶきは雨と降って、みんなをずぶぬれにしました。

　空には、いなずまがほのおとゆらめき、次々とかみなりがとどろきました。兄弟は、おたがいに手をしっかりにぎりあったまま、賛美歌をうたいました。そうすると、心が安らぎ、勇気がわいてきました。

　あけがた近くになると、風もしずまり、空気もすんできました。太陽がのぼるとすぐ、

た。海はまだかなり荒れていて、高い空からながめると、こいみどり色の海に、白いあわのたっているのが、まるで何百万もの白鳥が、水の上を泳いでいるように見えました。

　太陽がいちだんと高くなったとき、前方に、半分宙に浮くようにして、山々がつらなっているのが、エリザの目にはいりました。岩だらけの斜面には、たくさんの氷がキラキラかがやいていました。その山なみのまん中に、何マイルも続くかと思われる宮殿がありました。力強い柱廊が、何段も何段も重なってそびえています。下の方には、風にゆれるヤシの木の林があり、大きさが水車ほどもある、みごとな花が咲いていました。エリザは、あそこがわたしたちの行く国なのとききました。けれども、白鳥たちは、かぶりをふりました。というのは、エリザが見たのは、あらわれては消え、消えてはあらわれる妖精モルガナの雲の宮殿で、生きているものの行くところではなかったからです。エリザは、ずっと向こうにある、美しいその宮殿を、じっと見つめました。すると、山も林も宮殿も、すべてかき消すようになくなり、そのかわり、りっぱな教会が二十もあらわれました。教会は、

ちました。

白鳥たちは、エリザをつれて、この小さな岩を飛び立ちました。

　日がいちだんと高くのぼったころ、エリザの目の前には、山や林や教会や宮殿があらわれては消え、消えてはあらわれました。

どれもこれもそっくり同じで、高い塔と、とがった窓がついていました。エリザは、ふとオルガンの音《ね》を聞いたように思いましたが、聞こえるのは波の音ばかりでした。このとき、エリザは、教会のすぐ近くまで来ていました。すると、急に、教会は大艦隊に変わって、エリザの下を航海しているのです。エリザは、下を見ました。——と、それは、海の上をかすめて通る霧でしかありませんでした。エリザの目の前には、次々とちがった光景が、めまぐるしくあらわれては消えました。が、とうとう、目ざす、ほんとうの国が見えてきました。美しい、青々とした山々がそびえ、スギの林や町や城が見えます。お日さまが沈むには、まだ間があるうちに、エリザは、山の中腹にある、大きなほら穴の前に降り立ちました。ほら穴のまわりには、しなやかなみどりのつるくさがおい茂り、まるでしじゅうしたカーテンをつるしたようでした。いちばん年下のおにいさんは、エリザを眠る場所に案内しながら、「さあ、今夜はここで、どんな夢を見るかな。」と、いいました。

「夢で、どうしたらおにいさまたちみんなの魔法がとけるか、それがわかればいいのだけ

一日じゅう、飛び続けたと思うころ、とうとう、目ざす国が見えてきました。美しい、青々とした山々がそびえ、スギの林や町や城が見えます。お日さまが沈むには、まだ間があるうちに、エリザは、山の中腹にある、大きなほら穴の前に降り立ちました。ほら穴のまわりには、しなやかなみどりのつるくさがおい茂り、まるでしじゅうしたカーテンをつるしたようでした。

ここがエリザの眠る場所でした。「さあ、今夜はここで、どんな夢を見るかな。」と、おにいさんたちは、いいました。

「夢で、どうしたらおにいさまたちみんなの魔法がとけるか、それがわかればいいのだけ

それが夢だったのか幻だったのか、とうとう、目ざす、ほんとうの国が見えてきました。日暮れ前、エリザと白鳥たちは、山の斜面にある、大きなほら穴の前に降り立ちました。ほら穴の入り口には、しなやかなみどりのつるくさがおい茂り、まるでじゅうたんをしいたようでした。

エリザは、ほら穴にはいると、にいさんたちの魔法がとけるよう、一心に祈りました。夢

ど！」と、エリザはいいました。エリザの心は、そのことでいっぱいで、ほかのことなど全然考えられなかったのです。神さま、どうかお力をかしてくださいと、エリザは、一心に祈りました。夢の中でも、祈り続けました。すると、エリザは、空高く舞いあがって、モルガナの雲の宮殿に行ったような気がしました。妖精が出て来て、喜んでエリザを迎えてくれました。妖精は、それは美しくて、目もくらむほどでしたが、それでいて、森の中で出会ったおばあさんに、とてもよく似ていました。エリザに木イチゴをくれ、頭に金のかんむりをのせた白鳥のことを話してくれた、あのおばあさんです。

「にいさんたちの魔法をとくことはできる。」と、妖精はいいました。「でも、おまえに、それだけの勇気と忍耐があるかい？　海は、おまえのしなやかなゆびより、まだやわらかい。それなのに、かたい石の形を変えてしまう。それは、ほんとうだよ。でもね、おまえのゆびは痛みを感じるけれど、海は痛みを感じない。海には心がないからねぇ。だから、おまえのように、おそれたり、苦しんだり、なやんだりすることもないのだよ。わたしが手にもっている、この

ど！」と、エリザはいいました。

神さま、どうかお力をかしてくださいと、エリザは、一心に祈りました。夢の中でも、祈り続けました。

すると、森の中で出会ったおばあさんによく似た妖精があらわれて、「にいさんたちの魔法をとくことはできる。」と、いいました。「でも、おまえに、それだけの勇気と忍耐があるかい？　海は、おまえのしなやかなゆびより、まだやわらかい。それなのに、かたい石の形をかえてしまう。それは、ほんとうだよ。でもね、おまえのゆびは痛みを感じるけれど、海は痛みを感じない。海には心がないからねぇ。

わたしが手にもっている、このイラクサが見

の中でも、祈り続けました。

すると、妖精があらわれました。妖精は、森の中で出会ったおばあさんに、とてもよく似ていました。

「にいさんたちの魔法をとくことはできる。」と、妖精はいいました。「でも、おまえに、それだけの勇気と忍耐があるかい？　海は、おまえのしなやかなゆびより、まだやわらかい。それなのに、かたい石の形を変えてしまう。でもね、海は、おまえのように、おそれたり、苦しんだりすることがないからねぇ。

さて、わたしが手にもっている、このイラク

イラクサが見えるかい？　おまえが寝ているほら穴のまわりに、これと同じものがたくさんはえている。これと、教会の墓地にはえているのとだけが役に立つ。よくおぼえておおき。集めるのは、この二つの場所のイラクサなんだよ。つかむと手がひりひりして、水ぶくれができるだろうが、こいつを集めなきゃならない。それを足でふみつぶすと、亜麻糸がとれる。その糸で、よろいの下に着る、長いそでのついたはだ着を十一枚あみなさい。そのはだ着を十一羽の白鳥の上に投げかけたら、魔法はとける。だがね、おまえの心に、しっかととめておかなければならないことが一つある。仕事をはじめたら、その瞬間から終わるまで、たとえ何年かかっても、決して口をきいてはいけない。ひとことでもつぶやこうものなら、そのひとことが、おそろしい短刀のように、にいさんたちの心ぞうに突きささるんだよ。にいさんたちのいのちは、おまえの舌ひとつにかかっている。何をするにしても、これだけは忘れるんじゃないよ。」

　こういいながら、妖精は、もっていたイラクサで、エリザの手にふれました。焼けつくような痛みを感じて、エリザは、目をさましました。

えるかい？　おまえが寝ているほら穴のまわりに、これと同じものがたくさんはえている。これと、教会の墓地にはえているのとだけが役に立つ。よくおぼえておおき、集めるのは、この二つの場所のイラクサなんだよ。つかむと手がひりひりして、水ぶくれができるだろうが、こいつを集めなきゃならない。それを足でふみつぶすと、糸がとれる。その糸で、よろいの下に着る、長いそでのついたはだ着を十一枚あみなさい。そのはだ着を十一羽の白鳥の上に投げかけたら、魔法はとける。だがね、おまえの心に、しっかととめておかなければならないことが一つある。仕事をはじめたら、その瞬間から終わるまで、たとえ何年かかっても、決して口をきいてはいけない。ひとことでもつぶやこうものなら、そのひとことが、おそろしい短刀のように、にいさんたちの心ぞうに突きささるんだよ。にいさんたちのいのちは、おまえの舌ひとつにかかっている。何をするにしても、これだけは忘れるんじゃないよ。」

　こういいながら、妖精は、もっていたイラクサで、エリザの手にふれました。焼けつく

サが見えるかい？　おまえが寝ているほら穴のまわりに、これと同じものがたくさんはえている。それと、教会の墓地にはえているのとだけが役に立つ。よくおぼえておおき。集めるのは、この二つの場所のイラクサだけなんだよ。つかむと手がひりひりして、水ぶくれができる。だが、こいつを集めなきゃならない。それを足でふみつぶすと、みどりの亜麻糸がとれる。その糸で、長いそでのついたはだ着を十一枚あむんだよ。そのはだ着を十一羽の白鳥の上に投げかけたら、にいさんたちの魔法はとける。だが、おまえの心に、しっかととめておかなければならないことが一つある。それは、仕事をはじめたら、その瞬間から終わるまで、決して口をきいてはならないということだ。ひとことでもつぶやこうものなら、そのひとことが、命をねらう短刀となって、にいさんたちの心ぞうに突きささる。どんなことがあっても、これだけは忘れるんじゃないよ。」

　こういいながら、妖精は、もっていたイラクサで、エリザの手にふれました。焼けつくような痛みを感じて、エリザは、目をさまし

あたりは、もうすっかり明るくなっていました。自分が眠っていた場所のすぐ近くに、夢で見たのと同じイラクサが、はえていました。エリザはひざまずいて、神さまにお礼をいいました。そして、さっそく仕事にとりかかろうと、ほら穴の外へ出ていきました。エリザは、きゃしゃな手で、おそろしいイラクサをつかみました。もえている火をつかんだような感じがして、手にも腕にも、大きな水ぶくれができました。でも、大好きなおにいさんの魔法をとくことさえできれば、これくらいのことは何でもありません。エリザは、はだしで、イラクサを一本一本ふみつぶしては、それをよって、みどりの亜麻糸をつくりました。

　日が落ちて、おにいさんたちが帰って来ました。おにいさんたちは、エリザがひとことも口をきかないのを見て、おどろきあやしみました。またあの意地悪なまま母が、新しい魔法をかけたのかと思ったのです。でも、エリザの手を見て、エリザがしていることは、自分たちのためだとさとりました。いちばん年下のおにいさんは、わっと泣き出しました。その涙がエリザの手や足に落ちると、そこは痛みも止まり、ひり

ような痛みを感じて、エリザは、目をさましました。あたりは、もうすっかり明るくなっていました。自分が眠っていた場所のすぐ近くに、夢で見たのと同じイラクサが、はえていました。エリザはひざまずいて、神さまにお礼をいいました。そして、さっそく仕事にとりかかりました。エリザは、きゃしゃな手で、おそろしいイラクサをつかみました。もえている火をつかんだような感じがして、手にも腕にも、大きな水ぶくれができました。でも、エリザは、ひるみません。

エリザは、はだしで、イラクサを一本一本ふみつぶしては、それをよって、みどりの糸をつくりました。

　日が落ちて、おにいさんたちが帰って来ました。おにいさんたちは、エリザがひとことも口をきかないのを見て、おどろきあやしみました。またあの意地悪なまま母が、新しい魔法をかけたのかと思ったのです。でも、エリザの手を見て、エリザがしていることは、自分たちのためだとさとりました。

ました。あたりは、もうすっかり明るくなっていました。ほら穴のまわりに、夢で見たのと同じイラクサが、はえていました。

エリザは、きゃしゃな手で、そのおそろしいイラクサをつかみました。もえている火をつかんだような気がして、手にも腕にも、大きな水ぶくれができました。でも、大事なおにいさんの魔法をとくことができるのならば、これくらいのことは何でもありません。エリザは、はだしで、イラクサを一本一本ふみつぶしては、それをよって、みどりの亜麻糸をつくりました。

　日が落ちて、帰って来たにいさんたちは、エリザを見て泣きました。その涙がエリザの手や足に落ちると、そこは痛みも止まり、ひりひりする水ぶくれも消えました。

ひりする水ぶくれも消えました。

エリザは、一晩じゅう働きました。愛するおにいさんを救うまでは、やすんでなんかいられません。あくる日も、白鳥たちがいない間、エリザは、ずっとひとりですわっていました。それでも、時のたつのがこんなに早いと思ったことはありませんでした。はだ着は、はや一枚できあがり、二枚目にとりかかっていました。

すると、突然、山々に狩りの角笛が鳴りわたりました。エリザは、ドキッとしました。音は、しだいに近くなり、犬のほえるのも聞こえてきました。エリザは、おそろしくなって、ほら穴にかけこみ、すいて糸にしてあったイラクサをたばにしてしばり、その上にすわりました。

ちょうどそのとき、りょう犬が一匹、しげみの中から、とび出してきました。そのあとからまた一匹、続いてもう一匹。犬は大声でほえながら、あちこちかけまわりました。そうこうするうちに、狩りの一隊が、ほら穴の入口にやってきました。その中で、ひときわ美しい人が、この国の王さまでした。王さまは、エリザの方に、歩み寄りました。これほど美しいむすめを、王さまは、まだ見たことがありませんでした。

エリザは、一晩じゅう働きました。

あくる日も、白鳥たちがいない間、エリザは、時のたつのも忘れて働きました。

はだ着は、はや一枚できあがり、二枚目にとりかかっていました。

突然、山々に狩りの角笛が鳴りわたりました。

音は、しだいに近くなり、犬のほえるのも聞こえてきました。エリザは、おそろしくなって、ほら穴にかけこみ、すいて糸にしてあったイラクサをたばにしてしばり、その上にすわりました。

やがて、狩りの一隊が、ほら穴の入口にやってきました。その中で、ひときわ美しい人が、この国の王さまでした。王さまは、エリザの方に、歩み寄りました。

これほど美しいむすめを、王さまは、見たこ

エリザは、一晩じゅう働きました。愛するおにいさんを救うまでは、やすんでなんかいられません。白鳥たちがいない昼間も、エリザは、ずっとすわったまま仕事を続けました。

はだ着は、はや一枚できあがり、二枚目にとりかかっていました。

そのとき、突然、山々に狩りの角笛が鳴りわたりました。

エリザは、おそろしくなって、ほら穴にかけこみ、たばねた糸の上にすわりました。

狩りの一隊が、ほら穴にやってきました。中でも、ひときわ美しい人が、この国の王さまでした。

王さまは、これほど色白で、美しいむすめを、今まで見たことがありませんでした。「おま

「どうしてこんなところにいるのかね、おまえ？」と、王さまはたずねました。エリザは、首をふりました。口をきくわけにはいきません。おにいさんたちが救われるかどうか――いや、おにいさんたちが生きるか死ぬかにかかわることだからです。エリザは、自分が苦しんでいるところを、王さまがごらんにならないよう、手をエプロンの下にかくしました。

「わたしといっしょに来るがいい。」と、王さまはいいました。「ここは、おまえのいるところではない。もしおまえが、姿が美しいように心も善良なら、わたしは、おまえに絹やビロードの着物を着せ、頭には金のかんむりをのせ、すばらしくごうかな宮殿に住まわせよう。」そういって、王さまは、エリザを、自分の馬の背にのせました。エリザは、手をもんで泣きました。けれども、王さまは、「わたしはおまえをしあわせにしたい。ただそれだけのことだ。おまえだって、いつかわたしに感謝するようになるよ。」と、いいました。

そして、エリザを自分の前にすわらせたまま、馬をすすめて、山の中を通っていきました。狩りの一隊は、そのあとを追って、馬を走らせま

とがありませんでした。「どうしてこんなところにいるのかね？」と、王さまはたずねました。エリザは、首をふりました。口をきくわけにはいきません。おにいさんたちが生きるか死ぬかにかかわることだからです。

「わたしといっしょに来るがいい。」と、いって、王さまは、エリザを、自分の馬の背にのせました。

エリザは、手をもんで泣きました。けれども、王さまは、「わたしはおまえをしあわせにしたい。ただそれだけのことだ。」

そういって、馬を走らせ、エリザを宮殿につれていきました。

えは、どうしてこんなところにいるのかね？」と、王さまはたずねました。エリザは、ただ首をふりました。口をきくわけにはいきません。おにいさんたちを救えるかどうか――いや、それどころか、おにいさんたちの命にかかわることだからです。エリザは、自分が苦しんでいるところを、王さまがごらんにならないよう、手をエプロンの下にかくしました。

「わたしといっしょに来るがいい。」そういって、王さまは、エリザを、自分の馬の背にのせました。

エリザは、手をもんで泣きました。けれども、王さまは、「わたしはおまえをしあわせにしたい。ただそれだけのことだ。」といって、エリザを宮殿につれていきました。

した。

日が沈むころ、一行の前に、教会や丸屋根のある、すばらしい町が見えてきました。王さまは、エリザを宮殿につれていきました。宮殿の大広間にはいると、中に、大きな噴水がありました。広間の天井は見上げるように高く、柱も床も大理石でできていました。かべや天井には、目のさめるように美しい絵がかかれています。しかし、それもこれも、エリザの目にはうつりませんでした。エリザの目は、悲しみと涙でいっぱいだったのです。おつきの女がやって来て、エリザに、女王が着るような衣装を着せました。かみの毛には真珠をあみこみ、水ぶくれのできた手には、品よく手袋をはめました。エリザは、ただ、女たちのなすがままになっていました。

エリザが、このすばらしいよそおいに身をつつんで、みんなの前に立つと、その美しさはまばゆいばかりでした。宮中の人びとは、思わずエリザの前に、深ぶかと頭をさげました。ただ、大僧正は頭をふって、つぶやきました——森から来たというこのきれいなむすめは、魔女にちがいない。魔女のやつめが、みんなの目をくらませ、王に道をふみあやまらせおった——。

宮殿は、柱も床も大理石でできていました。広間の中には、大きな噴水があって、天井は見上げるように高く、かべや天井には、目のさめるように美しい絵がかかれていました。しかし、それもこれも、エリザの目にはうつりませんでした。

まもなく、おつきの女がやって来て、エリザに、女王が着るような衣装を着せました。かみの毛には真珠をあみこみ、手には、品よく手袋をはめました。

エリザの美しさはまばゆいばかりでした。宮中の人びとは、思わずエリザの前に、深ぶかと頭をさげました。ただ、大僧正だけは頭をふって、つぶやきました——このむすめは、魔女にちがいない。

宮殿の大広間にはいると、見上げるような天井に、大きな噴水が吹き上がっていました。かべには、目のさめるような美しい絵がかかれています。しかし、それもこれも、エリザの目にはうつりませんでした。エリザの目は、悲しみと涙でいっぱいだったのです。おつきの女がやって来て、エリザに、女王の衣装を着せ、かみの毛には、真珠をあみこみ、水ぶくれのできた手には、品よく手袋をはめました。エリザは、なすがままになっていましたが、その美しさはまばゆいばかりで、宮中の人びとは、エリザの前に、思わず、深ぶかと頭をさげました。ただ、大僧正は頭をふって、森からやって来たきれいなむすめは、魔女にちがいないとつぶやきました。

けれども、王さまは、そんなことばに耳をかそうともしませんでした。王さまの命令で、エリザのために、音楽がかなでられ、めずらしい料理が運ばれ、美しいむすめたちが踊ってみせました。エリザは、また、甘くにおう庭園を通って、ごうかなへやべやに案内されました。それでも、エリザの目もとにも口もとにも、ほほえみ一つ浮かびません。悲しみ――ただそれだけが、親からゆずり受けた財産だとでもいうようでした。さて、王さまは、こんどは、エリザを、すぐ近くにある小さなへやへ案内しました。エリザは、そこで眠ることになっていました。へやのかべは、高価なみどりのかべかけでおおわれていて、エリザがいた、山のほら穴に、たいへんよく似ていました。床の上には、エリザがイラクサをよってつくった糸のたばがおいてあり、天井からは、仕上がったはだ着が一枚、さがっていました。これはみんな、かりゅうどのひとりが、めずらしい品だというので、もってきたものでした。

「ここなら、おまえも、住みなれた自分の家にいるようなここちがするだろう。」と、王さまはいいました。「ここには、おまえが、いっし

けれども、王さまは、大僧正のいうことに耳をかそうとはしませんでした。エリザは、ごうかなへやに案内され、エリザのために、めずらしい料理が運ばれました。音楽がかなでられ、美しいむすめたちが踊ってみせました。

それでも、エリザの目もとにも口もとにも、ほほえみ一つ浮かびません。

つぎに、王さまは、エリザを、小さなへやへ案内しました。

へやのかべは、高価なみどりのかべかけでおおわれていて、エリザがいた、山のほら穴に、たいへんよく似ていました。床の上には、エリザがイラクサをよってつくった糸のたばがおいてあり、天井からは、仕上がったはだ着が一枚、さがっていました。

「ここなら、おまえも、住みなれた自分の家にいるようなここちがするだろう。」と、王さまはいいました。

王さまは、エリザを、ある小さなへやへ案内しました。へやの中は、みどりのかべかけでおおわれていて、たいへんよく似ていました。エリザがいた、山のほら穴に、たいへんよく似ていました。床の上には、エリザがイラクサをよってつくった糸のたばがおいてあり、天井からは、仕上がったはだ着が一枚、さがっていました。これはみな、かりゅうどのひとりが、めずらしい品だというので、ほら穴から運んできたものでした。

「ここなら、おまえも、ふるさとに帰ったような気がするだろう。」と、王さまはいいました。

ようけんめいしていた仕事がある。すばらしいものずくめの今の身で、あのころのことを思い出すのも、またおもしろかろう。」

これを見ると、はじめてエリザの口もとにほほえみが浮かび、ほおに血の気がさしてきました。これさえあれば、おにいさんたちを救うことができる――と、思ったからです。ほんとうに、エリザにとっては、大事な大事な品じなでした。エリザは、エリザを、王さまの手にキスしました。王さまは、エリザを、胸にきつくだきしめました。そして、教会の鐘を鳴らして、結婚式を知らせるように命じました。森からやってきた、この愛らしいおしむすめが、この国の女王になることになったのです。

大僧正は、王さまの耳に、よくないことばをささやきました。でも、それは、王さまの心にはとどきませんでした。というのは、今まさに結婚式がとり行なわれようとしていたからです。大僧正みずから、エリザの頭に、かんむりをのせなければなりませんでした。大僧正は、腹立ちまぎれに、ただでさえきゅうくつなかんむりの輪を、エリザの額にぎゅうっとはめました。エリザを痛い目にあわせようとしたのです。け

これを見ると、はじめてエリザの口もとがほころびました。

これさえあれば、おにいさんたちを救うことができる――と、思ったからです。

エリザは、王さまの手にキスしました。

王さまは、エリザを、胸にだきしめました。

そして、教会の鐘を鳴らして、結婚式を知らせるように命じました。

大僧正は、王さまの耳に、よくないことばをささやきました。でも、それは、王さまの心にはとどきませんでした。結婚式では、大僧正みずから、エリザの頭に、かんむりをのせなければなりませんでした。大僧正は、腹立ちまぎれに、ただでさえきゅうくつなかんむりの輪を、エリザの額にぎゅうっとはめました。エリザを痛い目にあわせようとしたのです。けれども、――おにいさんたちを思う

これを見ると、はじめてエリザの口もとにほほえみが浮かび、ほおに血の気がさしてきました。これさえあれば、おにいさんたちを救うことができる――と、思ったからです。ほんとうに、エリザにとっては、大事な品じなでした。王さまは、エリザは、王さまの手にキスしました。王さまは、エリザを、強くだきしめました。そして、教会の鐘という鐘を鳴らして、二人の結婚式を知らせるように命じました。

れども、もっと重い輪——にいさんたちを思う悲しみ——に、心をしめつけられているエリザは、からだの痛みなど少しも感じませんでした。エリザは口をつぐんだままでした。ただのひとことでも口にするのは、おにいさんたちが死ぬことだからです。けれども、エリザのひとみには、自分をしあわせにするためなら、どんなことでもしてくれる、この気高く美しい王さまに対する、深い愛情がやどっていました。王さまを思うエリザの心は、日一日と深くなりました。

ああ、王さまに、何もかもうちあけられたら……この苦しみを聞いてもらうことさえできたら！　いいえ、だめです。だまっていなければ——。仕事が終わるまでは、決して口をきいてはならないのです。エリザは、夜になると、そっと王さまのそばから抜け出して、ほら穴に似せてつくられた自分のへやにはいりました。そして、一枚、また一枚と、せっせとはだ着をあみました。ところが、七枚目にとりかかったとき、糸がなくなってしまいました。

　エリザは、教会の墓地に行けば、入り用なイラクサがはえていることは知っていました。でも、自分でとりにいかなければなりません。ど

悲しみ——に、心をしめつけられているエリザは、からだの痛みなど少しも感じませんでした。エリザは口をつぐんだままでしたが、そのひとみには、この気高く美しい王さまに対する、深い愛情がやどっていました。

王さまを思うエリザの心は、日一日と深くなりました。

ああ、王さまに何もかもうちあけられたら……この苦しみを聞いてもらうことさえできたら！　いいえ、だめです。仕事が終わるまでは、決して口をきいてはならないのです。エリザは、夜になると、ほら穴に似せてつくられた自分のへやにはいりました。

そして、一枚、また一枚と、せっせとはだ着をあみました。ところが、七枚目にとりかかったとき、糸がなくなってしまいました。

　エリザは、教会の墓地に行けば、イラクサがはえていることは知っていました。でも、自分でとりにいかなければなりません。

　王さまは、エリザをしあわせにするためには、どんなことでもしてくれました。王さまを思うエリザの心は、日一日と深くなりました。

ああ、王さまに、何もかもうちあけられたら！と、エリザは、どんなに思ったことでしょう。

しかし、仕事が終わるまでは、決して口をきいてはならないのです。エリザは、真夜中になると、そっと王さまのそばから抜け出し、小さなへやにはいりました。

そして一枚、また一枚と、せっせとはだ着をあみました。ところが、七枚目にとりかかったとき、糸がなくなってしまいました。

　エリザは、教会の墓地に行けば、妖精のいった、あのイラクサがはえていることは知っていました。でも、自分でとりにいかねばな

うして行ったらよいでしょう?

「ああ、わたしの心の、この苦しみにくらべたら、ゆびの痛みなんて何でしょう！」と、エリザは思いました。「どうしても行かなければ――。神さまは、わたしを、お見捨てにはならないわ。」

エリザは、何か悪いことでもするときのように、心をおののかせながら、月の光に明るく照らされた庭園にしのび出ました。それから、庭園の中の長い並木道を通って、人気のない大通りに出、とうとう墓地へやって来ました。中を見ると、大きな墓石の上に、ラミアと呼ばれる、おそろしい姿の魔女が、寄り集まってすわっていました。魔女たちは、まるで水あびでもするように、着ていたぼろをぬぎ捨てると、長いやせこけたゆびを、新しくできたお墓の中へつっこんで、死体を引きずり出しては、その肉を食べていました。エリザは、思いきってそのそばを通りました。魔女たちは、おそろしい目をすえて、エリザを見ました。けれども、エリザはお祈りをとなえると、チクチクするイラクサを集め、それをもって宮殿に帰りました。

たったひとり、この様子を見ていた人があり

「どうしても行かなければ――。」

エリザは、心をおののかせながら、月の光に明るく照らされた庭園にしのび出ました。それから、人気のない通りに出、とうとう墓地へやって来ました。

大きな墓石の上に、おそろしい姿の魔女が、寄り集まってすわっているのが、エリザの目にはいりました。

魔女たちは長いやせこけたゆびを、新しくできたお墓の中へつっこんで、死体を引きずり出しては、その肉を食べていました。

エリザは、思いきってそのそばを通りました。魔女たちは、おそろしい目をすえて、エリザを見ました。エリザはお祈りをとなえると、チクチクするイラクサを集め、それをもって宮殿に帰りました。

たったひとり、この様子を見ていた人があ

りません。

エリザは、何か悪いことでもするときのように、心をおののかせながら、月あかりに照らされた庭園を通りぬけ、とうとう教会の墓地へやって来ました。

大きな墓石の上に、おそろしい姿の魔女が、寄り集まってすわっていました。

魔女たちは、着ていたぼろをぬぎ捨てると、長い、やせこけたゆびを、できたばかりの墓の中につっこんで、死体を引きずり出しては、その肉を食べていました。

エリザは、心の中でお祈りをとなえながら、思いきってそのそばを通りました。そして、チクチクするイラクサを集めると、それをもって宮殿に帰りました。

たったひとり、この様子を見ていた人があ

ました。大僧正です。大僧正は、ひとが眠っているときに、まだ起きていたのです。ああ、やっぱり、わしがあやしいとにらんだのは当たっていた。どれもこれも、女王にあるまじき行いだ。あれは魔女だ。王や家来みんなをだましこんだのも、魔女なればこそだと、大僧正は思いました。

　王さまがざんげに来たとき、大僧正は、自分が見たこと、心配していることを、王さまに話しました。大僧正の口から、ひどいことばがもれるたびに、木彫りの聖者像が、「それはほんとうではない。エリザに罪はない。」というように、首をふりました。けれども、大僧正は、それをまるっきり反対の意味にとって、聖者たちもエリザが悪いといっている、エリザがあまりに罪深いので、あのように首をふっているのだと言いました。大粒の涙が二つ、王さまのほおをつたって落ちました。疑いとおそれに苦しみながら、王さまは宮殿に帰りました。夜、王さまは眠ったふりをしましたが、心やすらかに眠ることなどとてもできません。というのは、エリザが、毎晩、きまったように、ベッドを抜け出すのに気づいたからです。そのたびに、王

りました。大僧正です。
ああ、やっぱり、わしがあやしいとにらんだのは当たっていた。どれもこれも、女王にあるまじき行いだ。あれは魔女だ。

大僧正は、自分が見たこと、心配していることを、王さまに話しました。

疑いとおそれに苦しみ、日ごとに、王さまの顔は暗くなりました。

りました。大僧正です。
「ああ、やっぱり、わしがあやしいとにらんだのは当たっていた。」と大僧正はいいました。「あれは魔女だ。魔女なればこそ、王やわしら家来をだましおおせたのだ。」

大僧正は、自分が見たことを、王さまに話しました。

大粒の涙が二つ、王さまのほおをつたって落ちました。疑いとおそれに苦しみながら、日一日と、王さまの様子は暗くなっていきました。

さまは、こっそりあとをつけていき、エリザが、あの小さな自分のへやに姿を消すのを、見とどけました。日一日と、王さまの顔は暗くなりました。エリザはそれに気がつきましたが、なぜそうなのかは、わかりませんでした。王さまのことを思うと、エリザの心は痛みました。その上、おにいさんのことを思って、どんなに心が重かったことか！

　悲しみの涙が、女王のむらさき色のビロードの着物の上にこぼれ落ちて、ダイヤモンドのようにキラキラ光りました。だれでも、この豪華な、すばらしい衣装を見ると、自分も女王になりたいものだと思うのでした。

　こうしているうちに、エリザの仕事も終わりに近づき、はだ着もあと一枚あめばよいことになりました。でも、その今になって、糸がなくなったのです。イラクサも一本も残っていません。そこで、もう一度――これが、最後です――墓地に出かけて、イラクサをいくつかみか、とってこなければならなくなりました。さびしい道中や、あのおそろしいラミアのことを考えると、身のすくむ思いがしました。けれども、エリザの決心は、神さまを信じる心と同じに、

エリザの心は痛みました。王さまのことを思い、その上、おにいさんのことを思って、どんなに心が重かったことか！

　悲しみの涙が、女王のむらさき色のビロードの着物の上にこぼれ落ちました。

　こうしているうちに、エリザの仕事も終わりに近づき、はだ着もあと一枚あめばよいことになりました。でも、その今になって、糸がなくなったのです。イラクサも一本も残っていません。もう一度、墓地に出かけて、イラクサを、とってこなければなりません。さびしい道中や、あのおそろしい魔女のことを考えると、身のすくむ思いがしました。けれども、エリザの決心はかたいものでした。

王さまのことを思うと、エリザの心は痛みました。

　こうしているうちにも、エリザの仕事は終わりに近づき、はだ着もあと一枚あめばよいことになりました。ところが、その今になって、また糸がなくなってしまったのです。もう一度、教会の墓地にいかねばなりません。さびしい道中や、あのおそろしい魔女たちのことを考えると、身がすくみました。

かたく変わらないものでした。

エリザは出かけました。王さまと大僧正が、そのあとをつけました。ふたりは、エリザが、鉄の門をぬけて、墓地へはいっていくのを見ました。あとを追って門のところまで来ると、前にエリザが見たように、ラミアが墓石の上にすわっているのが見えました。王さまは顔をそむけました。その中にエリザがいたと、思ったのです——今夜も、ついさっきまで、自分の胸に頭をもたせてやすんでいたあのエリザが！

「あれの裁判は、国民にまかせよう。」と、王さまはいいました。すると、人びとは、エリザを、火あぶりの刑にせよといいました。エリザは、すばらしくきれいな宮殿の広間から、暗い、じめじめした牢屋につれていかれました。鉄格子のはまった窓から、風がヒューヒュー音をたてて吹きこんでいました。ビロードや絹はとりあげられ、かわりに、エリザが集めたイラクサのたばが与えられました。それをまくらにすればよかろう、それに、エリザがあんだ、ごわごわでチクチクするはだ着を、毛布がわりにかければいいだろうというのです。でも、何がもらえるとしても、今のエリザにとって、これほ

エリザは出かけました。そのあとを、こんどは、王さまと大僧正が、つけていました。ふたりは、エリザが、墓地へはいっていくのを見ました。

それから、墓石の上に、すわっている魔女たちを見ました。王さまは顔をそむけました。その中にエリザがいたと、思ったのです。

「あれの裁判は、国民にまかせよう。」と、王さまはいいました。すると、人びとは、エリザを、火あぶりの刑にせよといいました。エリザは、きれいな宮殿の広間から、暗い、じめじめした牢屋につれていかれました。鉄格子のはまった窓から、風がヒューヒュー音をたてて吹きこんでいました。ビロードや絹はとりあげられ、かわりに、エリザが集めたイラクサのたばが与えられました。それをまくらにすればよかろう、それに、エリザがあんだ、ごわごわでチクチクするはだ着を、毛布がわりにかければいいだろうというのです。でも、何がもらえるとしても、今のエリザに

それでも、エリザは出かけました。この時には、王さまと大僧正が、エリザのあとをつけていきました。ふたりがあとを追って教会の門のところまで来ると、魔女たちが墓石の上にすわっているのが見えました。王さまは顔をそむけました。その中にエリザがいたと、思ったのです。

「あれの裁判は、国民にまかせよう。」と、王さまはいいました。すると、人びとは、エリザを、火あぶりの刑にせよといいました。エリザは、きらびやかな宮殿の広間から、暗い、じめじめした牢屋につれていかれました。鉄格子のはまった窓から、風がヒューヒューと音をたてて吹きこんできます。ビロードや絹はとりあげられ、かわりに、エリザが集めたイラクサのたばがあてがわれました。それをまくらにすればよかろう、それに、エリザがあんだ、チクチクごわごわするはだ着を、ふとんがわりにすればいいだろうというのです。でも、何がもらえるとして、今のエリザ

どありがたいものは考えられませんでした。エリザは神さまにお祈りをして、また仕事にとりかかりました。牢屋の外の道路では、男の子たちが、エリザをあざける歌をうたいました。やさしいことばをかけて、なぐさめてくれる人など、ただのひとりもありませんでした。

ところが、夕方近くなって、鉄格子のところで、白鳥のつばさがパタパタいう音が聞こえました。それは、あのいちばん年下のおにいさんでした。やっと、妹の居場所をさがしあてたのです。エリザは、うれしさのあまり、声をあげてすすりなきました。エリザは、おそらく今夜が、生きている最後の夜になるだろうとは覚悟していました。それでも、とにかく、仕事は九分通りできあがっているし、おにいさんたちもそばにいるのです。

大僧正は、最後の時間をいっしょにいてやろうと、エリザのところへやって来ました。王さまに、そうすると約束してあったのです。けれども、エリザはかぶりをふって、帰ってくださいというしぐさをしました。今夜のうちに、仕事を仕上げてしまわなければならないのです。でなければ、これまでの苦しみも涙も、眠らず

とって、これほどありがたいものは考えられませんでした。エリザは神さまにお祈りをして、仕事にとりかかりました。牢屋の外の道路では、男の子たちが、エリザをあざける歌をうたいました。

ところが、夕方近くなって、鉄格子のところで、白鳥のつばさがパタパタいう音が聞こえました。それは、いちばん年下のおにいさんでした。やっと、妹の居場所をさがしあてたのです。エリザは、うれしさのあまり、すすりなきました。エリザは、おそらく今夜が、生きている最後の夜になるだろうとは覚悟していました。それでも、とにかく、仕事は九分通りできあがっているし、おにいさんたちもそばにいるのです。

にとって、これほどありがたいものは、ほかに考えられませんでした。

エリザは、命ある最後の夜と覚悟して、夜通し、はだ着をあみ続けました。

に過ごした幾夜も、何もかもがむだになってしまいます。大僧正は、ひどいことばでエリザをののしりながら、出ていきました。かわいそうなエリザ！　でも、エリザは、自分の心にけがれのないことを知っていましたから、だまって仕事を続けました。

小さなネズミが、床の上を走りまわって、少しでもエリザをたすけようと、イラクサを足もとへ引きずってきてくれました。ツグミは、窓の格子にとまって、エリザの気をひきたたせようと、夜通し、精いっぱい楽しい歌をうたってくれました。

あけがた、日がのぼるにはまだ一時間もあるころ、十一人の兄弟が、宮殿の門のところに立って、王さまにお目通りを願っていました。でも、そんなことはとてもできない、だいいち、まだ夜も明けておらず、王さまはおやすみになっている、おさわがせするなどとんでもないという返事でした。兄弟は泣きついたり、おどしたりしました。さわぎを聞きつけて、番兵が出て来ました。そして、ついには、王さま御自身があらわれて、何ごとかとおききになりました。けれども、その瞬間、太陽がのぼり、兄弟の姿

エリザはだまって仕事を続けました。

小さなネズミたちが、床の上を走りまわり、少しでもエリザをたすけようと、イラクサを足もとへ引きよせてくれました。ツグミは、窓の格子にとまって、エリザの気をひきたたせようと、一晩中、楽しい歌を、精いっぱいうたってくれました。

は、どこにも見えなくなりました。ただ、宮殿の上はるかに、十一羽の白鳥が飛んでいくのが見えました。

さて、人びとは、だれもかれも、魔女の火あぶりを見ようと、町の門からあふれ出ました。見るもあわれな、老いぼれ馬が、エリザをのせた荷車をひいています。エリザは、そまつな粗《あら》布《ぬの》の着物を着せられていました。長い美しいかみが、形のよい頭のまわりに、ばらばらとたれています。ほおは死んだように青ざめ、くちびるはかすかに動いていました。その間も、ゆびはせっせと、みどりの糸をあみ続けていました。死にむかう道すがらも、いったんはじめた仕事をやめようとはしなかったのです。エリザの足もとには、十枚のはだ着がおいてありました。今あんでいるのが十一枚目でした。

群集がエリザをあざけりました。「おい、見ろよ、あの魔女め、何か口の中で、ぶつぶつ言ってるぞ。あいつ、賛美歌の本も持っちゃいない。それどころか、まだ何かいやらしい魔法の道具をいじくってるぜ。そいつをとりあげて、バラバラにしちまえ。」人びとは、エリザの上にのしかからんばかりに、どっと押し寄せて来

さて、つぎの日、人びとは、だれもかれも、魔女の火あぶりを見ようと、町の門からあふれ出ました。見るもあわれな、老いぼれ馬が、エリザをのせた荷車をひいています。エリザは、そまつな粗布の着物を着せられていました。長い美しいかみが、形のよい頭のまわりに、ばらばらとたれています。ほおは死んだように青ざめ、くちびるはかすかに動いていました。その間も、ゆびはせっせと、みどりの糸をあみ続けていました。死にむかう道すがらも、いったんはじめた仕事をやめようとはしなかったのです。エリザの足もとには、十枚のはだ着がおいてありました。今あんでいるのが十一枚目でした。

「おい、見ろよ、あの魔女め、まだ何かいやらしい魔法の道具をいじくってるぜ。そいつをとりあげて、バラバラにしちまえ。」人びとが、どっと押し寄せてきました。

さて、人びとは、だれもかれも、魔女の火あぶりを見ようと、町の門からあふれ出ました。見るもあわれな、老いぼれ馬が、エリザをのせた荷車をひいています。エリザは、そまつな粗布の着物を着せられていました。長い美しいかみが、ばらばらとたれています。ほおは死んだように青ざめ、くちびるはほんのかすかに動いていました。その間も、ゆびはせっせと、みどりの糸をあみ続けていました。死にむかう道すがらでさえ、いったんはじめた仕事をやめようとはしなかったのです。エリザの足もとには、仕上った十枚のはだ着がおいてありました。今あんでいるのが十一枚目でした。

群衆がエリザをあざけりました。「おい、見ろよ、あの魔女め、口をもぐもぐ動かしているぞ。それに、まだ何かいやらしい魔法の道具をいじくってるぜ。そいつをとりあげて、バラバラにしちまえ。」人びとは、エリザの上にのしかからんばかりに、どっと押し寄せ

て、エリザのつくったものをひきちぎろうとしました。けれども、十一羽の白鳥が空から舞いおりて、荷車のまわりにとまってエリザをとりかこみ、大きなつばさをバタバタさせたので、群集はおそれをなして、あとへひきました。

「天のしるしだ！　あの女に罪はないにちがいない！」と、多くの人はささやきました。でも、声に出してそう言うほど勇気のある人はいませんでした。

　このとき、死刑執行人が、エリザの手をつかみました。と、エリザは、すばやく、十一枚のはだ着を、白鳥の上に投げかけました――すると、どうでしょう。みんなの目の前に、美しい王子が十一人立っているではありませんか！　ただ、いちばん年下の王子は、片腕が白鳥のつばさのままでした。時間が足りなくて、その王子のはだ着にはそでが片方しかついていなかったからです。

「これで、やっと、ものがいえる……」と、エリザはいいました。「わたしに罪はありません。」このありさまを見て、人びとは聖者にむかってするように、エリザに頭をさげました。けれどもそのエリザは、これまでおそれと苦し

けれども、そのとき、十一羽の白鳥が空から舞いおりて、荷車のまわりにとまってエリザをとりかこみ、大きなつばさをバタバタさせたので、群衆はおそれをなして、あとへひきました。

「天のしるしだ！　あの女に罪はないにちがいない！」と、多くの人はささやきました。でも、声に出してそういうほど勇気のある人はいませんでした。

　このとき、死刑執行人が、エリザの手をつかみました。と、エリザは、すばやく、十一枚のはだ着を、白鳥の上に投げかけました――すると、どうでしょう。みんなの目の前に、美しい王子が十一人立っているではありませんか！　ただ、いちばん年下の王子は、片腕が白鳥のつばさのままでした。時間が足りなくて、この王子のはだ着にはそでが片方しかついていなかったからです。

「これで、やっと、ものがいえる……わたしに罪はありません。」といったきり、エリザは、おにいさんたちの腕の中へ、気を失って倒れました。

て来て、エリザのつくったものをひきちぎろうとしました。そのとき、十一羽の白鳥が空から舞いおりてきて、荷車のまわりにとまり、エリザをとりかこんで、大きなつばさをバタバタさせたので、群衆はおそれをなして、あとへひきました。

「天のおつげだ！　あの女に罪はないにちがいない！」と、人々はささやきあいました。でも、それを声に出していうほど勇気のある人は、だれもいませんでした。

　そのとき、死刑執行人が、エリザの手をつかみました。と、その瞬間、エリザはすばやく、十一枚のはだ着を白鳥たちの上に投げかけました――すると、どうでしょう。みんなの目の前に、美しい王子が十一人、立っているではありませんか！　ただ、いちばん年下の王子は、片方の腕が白鳥のつばさのままでした。時間切れで仕上らず、その王子のはだ着には、そでが片方しかついていなかったからです。

「もう口をきいてもいいのですね。」とエリザはさけびました。「わたしに、罪はありません。」

みにはりつめていた気持が一時にとけて、おにいさんたちの腕の中へ、気を失って倒れました。

「そうです。この子に罪はありません。」と、いちばん年上のおにいさんがいいました。そして、これまでのできごとを、残らず語りました。おにいさんが話をしている間に、何百万ものバラの花が咲いたような、かぐわしいかおりが、あたりにただよいました。火あぶりに使うはずだったまきの一本一本から、根がはえ、枝がのびて、真紅のバラが咲き、甘くかおる、高い生垣ができていたのです。そして、そのてっぺんに、たった一輪、純白のバラが、星のようにかがやいていました。王さまが、それを手折って、エリザの胸の上におきました。すると、エリザは、しあわせとやすらかさに心満たされて、目ざめました。

教会の鐘という鐘が、ひとりでに鳴りだしました。鳥が大きな群れをなして飛んできました。婚礼の行列が、宮殿をさして帰っていきます——どんな王さまも、これほどの行列は見たことがなかったでしょう。

「そうです。この子に罪はありません。」と、いちばん年上のおにいさんがいいました。そして、これまでのできごとを、残らず語りました。おにいさんが話をしている間に、火あぶりに使うはずだったまきの一本一本から、根がはえ、枝がのびて、何百万もの真紅のバラの花が咲き、甘いかおりが、あたりにただよいました。

そして、そのてっぺんに、たった一輪、純白のバラが、星のようにかがやいていました。王さまが、それを手折って、エリザの胸の上におきました。

すると、エリザは、しあわせとやすらかさに心満たされて、目ざめました。

教会の鐘という鐘が、ひとりでに鳴りだしました。鳥が大きな群れをなして飛んできました。ご婚礼を祝う行列が、宮殿をさして帰っていきます——どんな王さまも、これほどの行列は見たことがなかったでしょう。

そういったとたん、おそれと苦しみにはりつめていた気持が一気にとけて、エリザは、気を失って、おにいさんたちの腕の中へ倒れました。

「そうです。この子に罪はありません。」と、いちばん年上のおにいさんがいいました。そして、これまでのできごとを、残らず語って聞かせました。その間に、火あぶりに使うはずだったまきの一本一本から、根がはえ、枝がのびて、何百万の真っ赤なバラが、生垣となって咲きました。あたり一面に、かぐわしいバラのかおりが立ちこめました。そして、そのてっぺんに、たった一輪、真っ白なバラが、かがやく星のように咲きました。王さまが、その真っ白なバラを手折って、エリザの胸におきました。すると、エリザは、しあわせに満ちて、しずかに目をさましました。

教会の鐘という鐘が、ひとりでに鳴りだしました。鳥が大きな群れをなして飛んできました。喜びの行列が、宮殿をさして帰っていきます——どんな王さまも、これほどの行列は、見たことがなかったでしょう。

レクチャーブックス◆お話入門7
語るためのテキストをととのえる――長い話を短くする
付録　短くしたテキスト例　原文対照

発行者
著作権所有　公益財団法人 東京子ども図書館
〒165-0023　東京都中野区江原町1-19-10
Tel. 03-3565-7711　Fax. 03-3565-7712

東京子ども図書館